¡Tómatelo con calma!

DAVI LAGO

TUS PROBLEMAS NO SON MÁS GRANDES QUE DIOS

mcglobal

Edición
Daniel Faria
Revisión
Ana Luiza Ferreira
Producción y diagramación
Felipe Marques
Colaboración
Gabrielli Casseta
Portada
Jonatas Belan

CIP-Brasil. Catalogação na publicação
Sindicato Nacional dos Editores de Livros, RJ

L174t

    Lago, Davi
       ¡Tómatelo con calma! : tus problemas no son más grandes que
Dios / Davi Lago ; [tradução Juan Carlos Martinez, Alexander De La Pava
Agudelo]. - 1. ed. - São Paulo : Mundo Cristão, 2025.
       160 p.

       Tradução de: Pega leve! : seus problemas não são maiores que Deus
       ISBN 978-65-5988-440-7

       1. Vida cristã. 2. Saúde mental - Aspectos religiosos - Cristianismo.
3. Emoções - Aspectos religiosos - Cristianismo. 4. Paz de espírito.
I. Martinez, Juan Carlos. II. Agudelo, Alexander De La Pava.III. Título.

25-96808.1   CDD: 248.4
                                             CDU: 27-584

Meri Gleice Rodrigues de Souza - Bibliotecária - CRB-7/6439

Categoría: Espiritualidad
1ª edición: Mayo de 2024

Editora Mundo Cristão
Rua Antônio Carlos Tacconi, 69
São Paulo, SP, Brasil
Código postal: 04810-020
Teléfono: 55 11 2127-4147
www.mundocristao.com.br

Para Natalia,
mi esposa,
con todo mi amor.

Contenido

Presentación

Cuando me encontré con Davi Lago para proponerle *¡Tómatelo con calma!*, le hice el desafío de compartir lo que la milenaria sabiduría bíblica tiene para enseñarnos sobre el equilibrio emocional. En ese momento, le comenté sobre las severas implicaciones, tanto físicas como emocionales, que la pandemia del coronavirus nos dejó como herencia. No es que el sentimiento de agotamiento emocional sea algo exclusivo del periodo postpandemia. Nada de eso. El cansancio se volvió un protagonista silencioso, pero imposible de ser ignorado. La dinámica de la sociedad actual alimenta y retroalimenta un sentido de inadecuación permanente. Estamos rodeados por estímulos visuales y sonoros a toda hora, y el no estar hiperconectado es semejante al sentimiento del que experimenta, así sea por poco tiempo, la abstinencia de las drogas que lo hacen dependiente.

Compartí con Davi que hay jóvenes y adultos exhaustos emocionalmente que llenan consultorios intentando reencontrar el tan deseado equilibrio. Y gracias a Dios por los profesionales que se dedican a ayudar a sus pacientes a lidiar con las cuestiones de la salud emocional. Sin embargo, identificamos que el valor de una obra escrita por Davi sobre el tema del agotamiento emocional estaría en el abordaje pastoral, de alguien acostumbrado a lidiar con jóvenes y adultos en todo Brasil. De inmediato vinieron a la memoria con fuerza total las inolvidables palabras de Jesús: Luego dijo Jesús: «Vengan a mí todos los que están cansados y llevan cargas pesadas, y yo les daré descanso.» Y recordemos que el Maestro hizo énfasis en que su carga era «liviana» (Mt 11.28-30).

¡Es innecesario afirmar que Davi aceptó este desafío de inmediato! Con su destreza habitual, dividió la obra en diez capítulos repletos de reflexiones contextualizadas para la actualidad. Se trata de una lectura ligera, pero no por ello menos profunda, que se puede ir degustando poco a poco. Aquí encontramos el mensaje más puro de Jesús: necesitamos aprender del Maestro, que es humilde y tierno de corazón, una nueva actitud ante los enfrentamientos de la vida cotidiana. Con la ayuda de Davi, es probable que identifiques los cambios que te son necesarios, y va a ser importante tomar la decisión de cambiar, pero recuerda que la «carga» de Jesús es «liviana». Sea cual sea el problema con el que tengas que lidiar, vive sabiendo que ningún problema es más grande que tu Dios.

Davi es uno de los más grandes talentos de su generación. A lo largo de casi dos décadas de experiencia pastoral, vivió desafíos emocionales de gran impacto y ahora comparte contigo lo que aprendió. Nuestro deseo es que cuando termines la lectura de *¡Tómatelo con calma!*, encuentres descanso para recobrar tus fuerzas y neutralizar la fatiga física y emocional.

RENATO FLEISCHNER
Editora Mundo Cristão

Introducción

Que mi alma descanse nuevamente,

porque el SEÑOR ha sido bueno conmigo.

SALMO 116.7

La Biblia presenta innumerables oraciones de personas que, a pesar de estar física y emocionalmente agotadas, encontraron en Dios la fuerza y la sabiduría para seguir adelante. Cuando estudiamos estas oraciones y los diversos pasajes bíblicos que abordan cuestiones relacionadas con el sentimiento de agotamiento mental persistente, aprendemos al menos cuatro lecciones elementales.

En primer lugar, *todas las personas están sujetas a aflicciones emocionales, mentales y espirituales, incluyendo los cristianos*. Nadie está exento de agotamiento físico y emocional. Los ancianos, los adultos y «hasta los jóvenes se debilitan y se cansan, y los hombres jóvenes caen exhaustos» (Is 40.30). Del mismo modo que la lluvia cae sobre justos e injustos, la fatiga extrema también afecta a los siervos y siervas de Dios. La Biblia registra las oraciones de personas emocionalmente exhaustas como Job (Job 3.26), Moisés (Nm 11.15), Noemí (Rt 1.20), David (Sal 42.5), Elías (1R 19.4), Jonás (Jon 4.3) y Jeremías (Jer 20.18). El Señor Jesús les dijo a sus discípulos que su alma estaba destrozada de tanta tristeza, hasta el punto de la muerte (Mt 26.38), habiendo orado a Dios: «¡Padre mío! Si es posible, que pase de mí esta copa de sufrimiento. Sin embargo, quiero que se haga tu voluntad, no la mía» (Mt 26.39). En definitiva, los cristianos no son inmunes a las dificultades emocionales, y el propio Cristo ya advirtió que las aflicciones forman parte del camino (Jn 16.33).

En segundo lugar, *es un grave error reducir cualquier aflicción emocional o mental a la acción demoníaca, a la falta de fe o al pecado de alguien*. La Biblia afirma realmente que Satanás perturba y aflige a las personas (Mr 1.23-26), que la falta de fe no agrada a Dios (Heb 11.6) y que el pecado causa todo tipo de tormento, incluyendo el agotamiento mental (Sal 31.10). Sin embargo, las causas de las dificultades emocionales y mentales a las que nos enfrentamos no se limitan a estos motivos. La Biblia revela que hay muchos otros factores capaces de cansar el alma humana, como, por ejemplo, la falta de sabiduría, las decisiones equivocadas, las catástrofes, las persecuciones, las enfermedades físicas, la pérdida de seres queridos, los conflictos interpersonales, la sobrecarga de trabajo, el aislamiento social, entre muchos otros.

En tercer lugar, *los desafíos relacionados a la salud mental deben tratarse con seriedad y responsabilidad espiritual y médica*. Los asuntos relacionados con la salud mental son complejos y, por lo tanto, debemos ser prudentes y responsables desde el punto de vista espiritual y médico. Esto significa que la oración por la sanidad y el estudio de la Biblia no anulan la importancia de la ayuda de los médicos y los profesionales de la salud. Jesús reconoció que los enfermos necesitan médicos (Mt 9.12). El propio evangelista Lucas era médico (Col 4.14). Pablo aconsejó a Timoteo sobre la importancia del tratamiento médico (1Tim 5.23). La Biblia está repleta de ejemplos positivos de tratamientos medicinales ancestrales (Is 1.6; Ez 47.12; Jer 8.22). Del mismo modo, el tratamiento responsable del agotamiento emocional y otros problemas de la salud mental deben incluir acompañamiento médico, si se considera necesario.

En cuarto lugar, *en Cristo hay sabiduría, fuerza y esperanza para alcanzar la integridad emocional y espiritual*. La Biblia es muy clara al afirmar que el mayor de todos los problemas humanos es el pecado, la desobediencia humana a la voluntad del Dios Creador.

A causa del pecado, los seres humanos están destituidos de la gloria de Dios (Ro 3.23) y sujetos a la condenación eterna (Ro 2.6-12). Pero la Biblia enseña que Jesucristo murió en la cruz en lugar de los pecadores, tomando sobre sí la justa ira de Dios. Por lo tanto, en Cristo la esperanza no es un deseo, es una realidad. Él mismo es quien nos invita: «Vengan a mí todos los que están cansados y llevan cargas pesadas, y yo les daré descanso» (Mt 11.28). Jesús no solo nos libera del pecado, sino que también nos enseña el camino hacia una vida más sabia e íntegra en todas sus dimensiones, incluyendo las emociones, los pensamientos y las relaciones. Las Escrituras enseñan literalmente que todos los tesoros de la sabiduría y de la ciencia están escondidos en Cristo (Col 2.3).

Teniendo en cuenta estas lecciones esenciales, la propuesta de este libro es presentar un conjunto de orientaciones pastorales prácticas para todas las personas que deseen desarrollar su integridad emocional, mental y espiritual. Estudios prospectivos han descubierto que los elementos de la fe y la práctica cristianas benefician a quienes padecen trastornos psicóticos y depresión, aumentan la felicidad y la resiliencia, y disminuyen el riesgo de abuso de sustancias o suicidio. Según las autoridades académicas en estudios sobre medicina, cultura y espiritualidad, la evidencia sugiere que la fe cristiana es generalmente una influencia positiva en la salud mental.[1] En ese sentido, este libro puede ayudar a quienes se enfrentan a retos como la tristeza constante, los pensamientos confusos y el agotamiento emocional, a quienes desean prevenir estos males y a quienes quieren ayudar a otros a alcanzar la restauración desde la sabiduría cristiana.

1

Desahógate, lamenta y llora

Con pedazos de mí, yo armo un ser atónito.

MANOEL DE BARROS[1]

Hay momentos en los que sentimos que las frustraciones habituales de la vida se comienzan a acumular. Especialmente cuando cometemos un gran error o pasamos por circunstancias difíciles, como la pérdida de un ser querido, la ruptura de una relación sentimental, una decepción, un trastorno social, una enfermedad grave o una enorme pérdida económica. En este capítulo examinaremos tres actitudes recomendadas en las Escrituras para los momentos en que la vida interior parece completamente macerada. Son las siguientes: desahogarse, lamentarse y llorar.

Desahogarse es sacar del alma las dudas, las inquietudes y las angustias que nos atormentan. Cuando nos desahogamos, reconocemos lo que nos está perturbando y le contamos a alguien de confianza lo que tanto nos aflige. Desahogarse significa expulsar el veneno que está destruyendo nuestro bienestar emocional. Estudios científicos demuestran que la práctica del desahogo es fundamental para la regulación emocional, reduciendo el estrés y fortaleciendo el sistema inmunológico.[2] A través del desahogo, la persona angustiada puede calmar su mente, conocer mejor sus propias emociones, sentirse comprendida y acogida. Sin ese desahogo, podemos explotar o implosionar emocionalmente. Explotamos cuando nos volvemos irritables, agresivos, impacientes y maltratamos a personas que no tienen nada que ver con nuestros problemas. Implosionamos cuando nuestra vida interior se convierte en una espiral de pensamientos tristes y amargos, que incluso pueden desencadenar en enfermedades como úlceras, insomnio, síndrome del intestino irritable, trastorno de pánico y depresión. La Biblia enseña explícitamente: «Tengan cuidado de que no brote ninguna raíz venenosa de amargura, la cual los trastorne a ustedes y envenene a muchos» (Heb 12.15). La amargura es comparada con una planta tóxica que empieza a echar raíces en nuestras vidas.

¿Cómo empezar el desahogo? El primer paso es reconocer la presión interior continua. Los problemas no desaparecen si simplemente los ignoramos. No tiene sentido mentirnos a nosotros mismos y fingir que todo está bien. En todo desahogo reconocemos humildemente, antes de más nada, que nuestro estado interior no está bien. Luego necesitamos bajar nuestras defensas y abrir nuestro corazón. Algunas personas prefieren escribir sus desahogos, mientras que otras prefieren abrir la boca y hablar. La gran pregunta en este punto es: ¿con quién nos desahogamos?

Es verdad que hay cierto alivio en decir las cosas incluso a nosotros mismos. Hay algunas personas que le cuentan sus problemas a sus mascotas o incluso a un objeto (¡!). En la película *Náufrago* (2000), el protagonista Chuck Noland, interpretado por Tom Hanks, lleva tanto tiempo solo y abandonado en una isla que empieza a «desahogarse» y a «hablar» con una pelota de voleibol, a la que llama Wilson. La «actuación» de la pelota Wilson en la película fue tan sobresaliente que ganó el premio Critics' Choice Awards 2001 en la curiosa categoría de «mejor objeto inanimado en una película». Con el desarrollo tecnológico, han surgido incluso «robots psicoterapeutas», es decir, salas de chat en línea donde personas angustiadas «hablan» con asistentes automatizados y programas de inteligencia artificial.[3]

Sin embargo, como indican las Escrituras, desahogarse con otra persona de carne y hueso en la que confiamos es de gran importancia. Por ejemplo, el texto del Génesis relata que, antes de la creación de la mujer, Adán se sentía solo porque no había alguien que le correspondiera como ser humano. Dios mismo afirmó: «No es bueno que el hombre esté solo» (Gn 2.18). Otro ejemplo se encuentra al final de la Tercera Carta de Juan, donde el autor, después de haber tratado varias instrucciones importantes para el destinatario, afirma que había otros asuntos que debían tratarse «cara a cara» y no con «pluma y tinta» (3Jn 1.13). En otras palabras, hay límites en las interacciones con seres no humanos (como animales y robots), al igual que los hay en las interacciones humanas mediadas por algún tipo de tecnología de la comunicación. Encontrar a otro ser humano con quien desahogarse es muy valioso para la salud mental.

Un gran desafío en este punto es el miedo que muchas personas tienen a exponer sus debilidades. Este miedo es comprensible. Al fin y al cabo, a la mayoría de las personas se les enseña desde la infancia a ocultar sus debilidades y a no exponerlas, ya que, de lo contrario, serían estigmatizadas, ridiculizadas, difamadas o maltratadas. Además, en la transición a la edad adulta se nos enseña a respetar los sentimientos y el espacio de los otros. A medida que maduramos, comprendemos que no debemos decir todo lo que pensamos en todo momento y aprendemos a controlar nuestras reacciones, expresiones e intervenciones. Hasta aquí, todo bien. El problema surge cuando una persona se siente completamente sobrecargada en su vida interior y empieza a llevar sola esas cargas emocionales desproporcionadas. En esas circunstancias, necesitamos reconocer nuestra angustia y buscar personas de confianza con las que podamos desahogarnos. Aferrarse a las heridas puede hacerlas más grandes de lo que realmente son. Alegría compartida es alegría duplicada, tristeza compartida es tristeza dividida por la mitad.

ALEGRÍA COMPARTIDA ES ALEGRÍA DUPLICADA, TRISTEZA COMPARTIDA ES TRISTEZA DIVIDIDA POR LA MITAD.

Escoger a la persona adecuada con la que desahogarse es una cuestión clave. Después de todo, no es sabio hablar de tus angustias con cualquier persona y en cualquier momento. Hay problemas que solo empeoran si hablamos con las personas equivocadas. Por eso, es muy común que nuestros compañeros de desahogo sean nuestros familiares y seres queridos: el esposo que abre su corazón a su esposa o la hija que abre su corazón a su mamá. También es entonces cuando nos damos cuenta del gran valor de nuestros amigos. El amigo permanece cuando todos los demás desaparecen. No confundas a los que son «amigables» con los que son amigos de verdad. Cuidado con los falsos amigos: «Muchos se dicen ser amigos fieles, ¿pero quién podrá encontrar uno realmente digno de confianza?» (Pr 20.6). Ten cuidado de no exponer innecesariamente tus angustias íntimas a personas que solo quieren aprovecharse de ti. Los amigos verdaderos son aquellos que han demostrado que se preocupan por ti a lo largo del tiempo, que escuchan tus quejas sin emitir juicios precipitados y apresurados. Cuando nos desahogamos con amigos verdaderos tenemos la oportunidad de profundizar en las relaciones, porque «un amigo es siempre leal, y un hermano nace para ayudar en tiempo de necesidad» (Pr 17.17).

Además de amigos y seres queridos, podemos desahogarnos con consejeros y consejeras cualificados, como los ancianos de la iglesia, personas con experiencia en la fe y profesionales de la salud mental. Según la enseñanza bíblica, la iglesia no es un mero escenario, sino una comunidad palpitante, un fórum vivo para las cuestiones más profundas de la vida. Por eso se exhorta a los cristianos a aconsejarse unos a otros (Col 3.16) y a llevar las cargas de los otros (Gl 6.2).

No obstante, hay situaciones en las que nos sentimos extremadamente solos. No nos satisface hablar con otras personas, ni desahogarnos con animales, robots u objetos inanimados.

De hecho, en toda la Biblia encontramos la invitación a llevarle todas nuestras aflicciones a Dios. La sabiduría de los salmistas afirma que «Dios es nuestro refugio y nuestra fuerza; siempre está dispuesto a ayudar en tiempos de dificultad» (Sal 46.1).

A principios del 2021, mi madre, Esmeralda, estaba prácticamente muerta en la Unidad de Cuidados Intensivos del Hospital Felício Rocho de Belo Horizonte. Contaminada con el covid-19, llevaba varias semanas respirando con un respirador artificial y no mostraba signos de reacción. Yo estaba completamente exhausto, alojado en un pequeño hotel frente al hospital y sin poder dormir bien. Mi madre tenía entonces 59 años y yo estaba muy angustiado ante la perspectiva de perderla. En una de las noches leí en la Biblia la oración que Josafat dirigió a Dios en tiempos de angustia: «No sabemos qué hacer, pero en ti buscamos ayuda» (2Cr 20.12). Hice mía la oración de Josafat. Derramé mi corazón ante Dios, expuse mi aflicción, desahogué toda mi angustia. Salí fortalecido de aquel momento: fue un momento de renovación en mi vida espiritual. Por la misericordia de Dios, la salud de mi madre se restableció y, tras 94 días internada en el hospital, ella regresó a casa.

Sin embargo, no siempre hay giros positivos en las situaciones difíciles a las que nos enfrentamos. Llegados a este punto, conviene subrayar la importancia del *lamento*. El lamento es un acto de honestidad brutal por parte de la persona de fe ante Dios, en el que expresa integralmente su dolor. Los estudiosos del lamento han identificado cuatro elementos comunes en los lamentos registrados en la Biblia:

1. Se dirigen a Dios.
2. Presentan una queja.
3. Piden justicia.
4. Reafirman el compromiso de fe y de esperanza en Dios.[4]

A diferencia de la murmuración, que es insultar y maldecir de manera cínica, las Escrituras enseñan que el lamento es la respuesta de una persona que es genuinamente fiel a Dios ante grandes tristezas. Murmurar es solo quejarse sin fe; lamentarse es desahogar la angustia manteniendo la fe en Dios. Por eso, la murmuración es tratada bíblicamente como un pecado, mientras que el lamento se considera una bendición.

El libro bíblico de Lamentaciones es muy instructivo a este respecto, ya que registra los cánticos de angustia del pueblo de Dios tras la devastación de Jerusalén hacia el año 586 a.C. Escrito con destreza estilística y una profunda sensibilidad espiritual, Lamentaciones es un poema que nos lleva a reflexionar sobre el lugar que ocupa cada cosa en nuestras vidas. Para el pueblo de Israel, el lamento no solo incorporaba palabras, sino también actitudes: «Los líderes de la bella Jerusalén se sientan en el suelo en silencio; están vestidos de tela áspera y se echan polvo sobre la cabeza. Las jóvenes de Jerusalén bajan la cabeza avergonzadas» (Lam 2.10). Otros ejemplos del Antiguo Testamento sobre la postura del lamento incluyen:

- Cubrirse la cabeza (2S 15.30; Est 6.12).
- Golpearse el pecho (Is 32.12-13; Jer 31.19).
- Usar una vestidura de luto (Gn 37.34; 2S 3.31; Est 4.1; Job 1.20; Is 37.1; Jer 41.5).
- Sentarse o acostarse en el suelo (2S 13.31; Job 2.13; Jer 6.26; Lam 2.10).
- Ayunar (Jue 20.26; 1S 31.13; 2S 1.12; 12.21).
- Comer y beber alimentos de luto (Jer 16.7; Ez 24.17,22; Os 9.4).
- Abstenerse de tener relaciones sexuales (2S 11.27; 12.22-24).
- Renunciar al uso de cosméticos y aceites (2S 12.20; 14.2; Is 61.3).

- Entonar lamentos y cánticos fúnebres (2S 1.17-27; Am 5.16-17; Mi 1.8).

Para nosotros en la actualidad es enriquecedor conocer estas antiguas formas de lamento. Al fin y al cabo, muchas personas en las sociedades modernas han creado innumerables distracciones y formas de ocultar su dolor — de los demás y de sí mismos. Otros han instrumentalizado el lamento como forma de promover escándalos, llamar la atención de los medios de comunicación y así ganar dinero. Sin embargo, la ausencia del lamento genuino en nuestras vidas es fatal para nuestra salud mental. Es más sabio reaprender que lamentar. La tradición cristiana tiene mucho que enseñarnos al respecto. Nosotros, los cristianos, somos conscientes de que, en Cristo Jesús, Dios mismo entró en el sufrimiento humano. En la cruz, especialmente, el Hijo de Dios expresó su dolor con un salmo de lamento: «Dios mío, Dios mío, ¿por qué me has abandonado?» (Mt 27.46; ver Sal 22.1). En esta profunda identificación de Dios con el dolor humano encontramos consuelo, alivio y una nueva esperanza.

Los eruditos afirman que la Pasión de Cristo rompió con el ideal de la «muerte noble», que fue tan ampliamente extendido en las culturas antiguas. Este ideal tiene su expresión más antigua en la muerte heroica, la muerte gloriosa en las batallas y, en su expresión más filosófica, en la muerte de Sócrates.[5] Según registró Platón en su obra *Fédon*, Sócrates fue condenado a muerte y afrontó su destino con calma y tranquilidad: bebió tranquilamente la copa de cicuta que le mataría mientras sus alumnos sufrían y lloraban de tristeza.[6] Jesús, en cambio, sufrió y agonizó en la cruz. El ideal cristiano, por tanto, no es la resignación emocional, el mero estoicismo o la apatía. El ideal cristiano sobre afrontar el dolor involucra el lamento y el llanto. Hay cosas que solo podemos ver con los ojos mojados.

Jesús mismo derramó lágrimas. En el Antiguo Testamento lloraban los profetas, lloraban los sacerdotes, lloraban los reyes, pero en los Evangelios llora el Todopoderoso. Al reflexionar sobre las lágrimas de Jesús, el teólogo patrístico Orígenes no dudó en utilizar la expresión «lágrimas de Dios».[7] Esto nos lleva al punto final de este capítulo: el valor de *llorar*. Según los registros del Nuevo Testamento, es incuestionable que Jesús era alegre y bienhumorado. Pero es muy interesante que, aunque se presupone, la Biblia nunca menciona explícitamente que Jesús haya sonreído. En cambio, al menos en tres ocasiones se menciona explícitamente que Jesús lloró: el Evangelio de Juan registra que Jesús lloró la muerte de su amigo Lázaro (Jn 11.35); Lucas afirma que Jesús lloró por el destino trágico de Jerusalén (Lc 19.41);[8] y Hebreos señala que «Mientras estuvo aquí en la tierra, Jesús ofreció oraciones y súplicas con gran clamor y *lágrimas* al que podía rescatarlo de la muerte. Y Dios oyó sus oraciones por la gran reverencia que Jesús le tenía» (Heb 5.7, énfasis añadido). En el texto de Juan, el término griego utilizado para llanto indica llanto silencioso, mientras que el término utilizado en Lucas indica llanto audible,[9] así como también en Hebreos las lágrimas se asocian con el clamor a voz alta.

Estos registros revelan que Jesús entró en las raíces de la miseria humana, identificándose con el sufrimiento de la humanidad y llorando de todas las maneras posibles. De este modo, las lágrimas de Cristo dan dignidad a nuestra tristeza y libertad a nuestras emociones. Cristo lloró y nos capacita para llorar.

Por lo tanto, no retengas tus lágrimas. Llora. Llorar genera un efecto «auto calmante» que reduce el estrés y proporciona una sensación de bienestar. Las evidencias científicas indican que cuando lloramos, nuestro cuerpo libera endorfinas que alivian la tensión, de la misma manera que ocurre cuando hacemos ejercicio.[10] Llorar ayuda a estabilizar el estado de ánimo al liberar las

HAY COSAS QUE SOLO PODEMOS VER CON LOS OJOS MOJADOS.

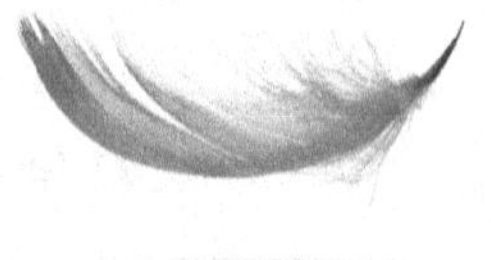

toxinas acumuladas por el estrés emocional.[11] Además, el llanto comunica la necesidad de ayuda, ya que actúa como una alarma fácilmente detectable. Varios estudios han identificado que quienes lloran son percibidos con mayor atención, considerados más agradables y auxiliados con una mayor sensación de conexión y compañerismo.[12] El llanto y el lamento también nos liberan emocionalmente para ser capaces de perdonar y orar por quien nos ofendió. Llorar nos hace más empáticos. Al fin y al cabo, si no reconocemos ni lloramos nuestras propias pérdidas y luchas, ¿cómo nos identificaremos con los que están sufriendo? ¿Cómo seremos capaces de cumplir el «lloren con los que lloran»? (Ro 12.15).

Hay fuerza en las lágrimas. Con los ojos mojados vemos cosas que de otro modo seríamos incapaces de ver. Por eso, para limpiar nuestros ojos de las mentiras del mundo, necesitamos aprender a llorar de verdad. Dios nos hizo con conductos lagrimales y hay un tiempo para todo, incluyendo «un tiempo para llorar» (Ec 3.4). Las Escrituras ilustran muchas ocasiones apropiadas para llorar:

- Lágrimas de tristeza (1S 30.4; Neh 1.4).
- Lágrimas de luto (Gn 23.2; 2S 1.12; Hch 9.39).
- Lágrimas de despedida (1S 20.41; Hch 20.37).
- Lágrimas de reencuentro (Gn 33.4; 43.30; 46.29).
- Lágrimas de arrepentimiento por el pecado (Mt 26.75).
- Lágrimas de clamor a Dios por la respuesta a una oración (1S 1.7-8; Is 38.5).
- Lágrimas de rendición del corazón ante Dios (Sal 6.6; 42.3).

Mientras estemos vivos, pasaremos por momentos de angustia que nos harán lamentarnos y llorar, pero estas experiencias son temporales (Jn 16.33; Ro 8.18). Nuestras lágrimas son preciosas para Dios. La Biblia enseña que el Señor no solo ve y conoce nuestras lágrimas, sino que recoge cada una de ellas en un frasco y las registra en un libro (Sal 56.8). En el cielo, Dios enjugará toda lágrima que quede de nuestros ojos (Ap 21.4). Hasta que llegue ese día, la capacidad de llorar es una bendición: «Dichosos los que sufren, porque serán consolados» (Mt 5.4, NVI).

Las lágrimas calientes no salen de corazones fríos. Si tenemos los ojos secos, quizá sea porque nuestro corazón se ha convertido en un desierto. Por otro lado, si estamos quebrantados, tal vez sea un indicio de que Dios ya está obrando en nosotros para hacernos más semejantes a Cristo. Y cuanto más semejantes a Cristo seamos, más profunda será nuestra humildad, más maduro nuestro carácter, más completo nuestro abandono en Dios.

2
Cultiva la virtud de la humildad

lguien me dijo una vez: «Davi, ni siquiera Newton comprende la gravedad de mis problemas». De hecho, no vivimos en el mundo que deseamos, sino en el mundo que existe. Las cosas no siempre salen como las habíamos planeado, y de vez en cuando no estamos seguros de qué camino tomar. Por eso sentimos cierto cansancio ante los desafíos. Vivir, en cierto modo, es afrontar problemas. Como decía el poeta Paulo Leminski, los problemas tienen una familia grande, y los domingos salen de paseo: «El problema, su señora y otros pequeños problemitas».[2] Hace milenios el libro de Job sintetizó muy bien esta condición humana: «¿No es toda la vida humana una lucha?» (Job 7.1). Así que la pregunta a la que se enfrentan muchas personas es: ¿Cómo no enloquecer ante tantos problemas? ¿Cómo afrontar los múltiples desafíos que la vida nos impone? ¿Por dónde empezar?

Tal vez la orientación más básica que podemos extraer de los tesoros de la sabiduría bíblica sobre el cuidado de nuestra salud mental, emocional y espiritual es el de cultivar la virtud de la humildad. Proverbios afirma que «la soberbia lleva a la desgracia, pero con la humildad viene la sabiduría» (Pr 11.2). El proverbio presenta dos actitudes internas (orgullo o humildad) que pueden conducir a resultados externos diferentes (desgracia o sabiduría). La noción de «orgullo» en este texto procede de una palabra hebrea que sugiere hervir el agua hasta que suba

COMO REGLA GENERAL, LAS PERSONAS ORGULLOSAS MUESTRAN ARROGANCIA A PARTIR DE SUS PROPIAS INSEGURIDADES PSICOLÓGICAS.

y se derrame fuera del recipiente, y se aplica a la arrogancia de quienes exigen tenerlo todo según sus caprichos.[3]

Por supuesto, las personas orgullosas no piden permiso, sino que atropellan; no piden perdón cuando se equivocan, sino que se justifican; no dan explicaciones cuando conviene, sino que amenazan; nunca agradecen, sino que siempre exigen; no oran, sino que maldicen; no perdonan, sino que buscan venganza; no elogian a quien lo merece, sino que se quejan de todo y de todos. Como regla general, las personas orgullosas muestran arrogancia a partir de sus propias inseguridades psicológicas. Diversos estudios empíricos en psicología social han identificado que los individuos que demuestran egoísmo y narcisismo muestran mayores niveles de agresividad cuando oyen insultos que amenazan su ego.[4] En la vida cotidiana, la persona arrogante solo se preocupa por los demás en la medida en que sirven a su propia exaltación. Este es el principal error de la persona orgullosa según las Escrituras: se encierra en sí misma, buscando una «independencia» ilusoria.

El orgullo, por lo tanto, impide el acceso a la sabiduría, llevando a las personas a perjudicarse a sí mismas (Pr 8.36) y a crear conflictos innecesarios con su prójimo (Pr 13.10). En otras palabras, el orgullo abre la puerta a una vida infernal, y la ruina puede venir literalmente de cualquier dirección.

En el extremo opuesto, mientras que «la arrogancia va delante de la destrucción; la humildad precede al honor» (Pr 18.12). A diferencia del orgullo, la humildad es el abandono de la búsqueda de la independencia. Una postura humilde indica un espíritu abierto, comprensivo, atento y modesto. El Antiguo Testamento describe a los humildes como aquellos que no se dejan impresionar por su propia sabiduría (Pr 3.7), no se jacta del futuro (Pr 27.1), no buscan honores (Pr 25.27) y no se alaban a sí mismos (Pr 27.2). En otras palabras, una persona humilde no asume que es mejor que los demás o que tiene todas las respuestas. No intenta llamar la atención sobre sí misma ni se esfuerza por parecer importante. Los humildes son descritos como personas sensatas que escuchan los buenos consejos y no son tercos ni se resisten a los cambios necesarios (Pr 15.31-33). La humildad también se asocia explícitamente con la práctica de la justicia y la misericordia (Mi 6.8).

Es fundamental subrayar que, en la concepción hebrea, toda esta sabiduría de la humildad tiene un origen teológico, es decir, está arraigada en la creencia de que solo Dios es perfecto. La humildad, para el pueblo de Israel, está directamente vinculada al temor de Dios: «El temor del Señor enseña sabiduría; la humildad precede a la honra» (Pr 15.33; ver 22.4). De este modo, la humildad puede entenderse como la virtud de valorar honestamente todas las cosas a la luz de la perfección de Dios y de las limitaciones humanas — en todas sus dimensiones.

La fe cristiana adoptó la comprensión israelita de que Dios se opone a los orgullosos y da gracia a los humildes (Pr 3.34; Lc 1.52; Stg 4.6; 1P 5.5). Sin embargo, el pensamiento cristiano ha situado la humildad en el centro de la vida moral de una manera dramática y sin precedentes. Desde la perspectiva cristiana, Dios, precisamente porque es perfecto, no puede exaltarse por encima de lo que es en su Ser Altísimo. Sin embargo, puede humillarse, como de hecho hizo en Cristo Jesús, que:

Aunque era Dios, no consideró que el ser igual a Dios fuera algo a lo cual aferrarse. En cambio, renunció a sus privilegios divinos; adoptó la humilde posición de un esclavo y nació como un ser humano. Cuando apareció en forma de hombre, se humilló a sí mismo en obediencia a Dios y murió en una cruz como morían los criminales.

Filipenses 2.6-8

El Evangelio anuncia que Jesús, el Hijo de Dios, vino al mundo para dar su vida en rescate por la humanidad perdida a causa del orgullo y del pecado. De esta manera, los cristianos se dan cuenta de que Dios se reveló de forma suprema a través de su humildad. Desde su humillación hasta su muerte en la cruz, Jesús fue exaltado como vencedor del mundo, de la muerte, del infierno y del pecado. Este himno sobre la humillación y exaltación de Jesús en Filipenses 2 identifica la humildad tanto como su característica que lo define como la que sus seguidores deben imitar con mucha atención. Sin duda alguna, el énfasis cristiano en la humildad alteró por completo la comprensión de lo que es una vida humana de éxito.

En el Evangelio de Mateo, Jesús comenzó su discurso más conocido, el Sermón del Monte, con la desconcertante afirmación: «Bienaventurados los pobres en espíritu, porque de ellos es el reino de los cielos» (Mt 5.3, RVR 1960). Confrontado con su contexto cultural inmediato, que veía la humildad como un obstáculo para el florecimiento humano, Jesús afirmó repetidas veces exactamente lo contrario: la humildad es el camino hacia el auténtico florecimiento. La invitación de Jesús fue directa: «Pónganse mi yugo. Déjenme enseñarles, porque yo soy humilde y tierno de corazón, y encontrarán descanso para el alma» (Mt 11.29). En otras palabras, la paz no empieza con nosotros mismos, sino con él. Y lo que es aún más sorprendente, la paz empieza por aprender su humildad y su mansedumbre.

Jesucristo no invitó a sus discípulos a aprender a hacerse ricos, ni a realizar milagros impresionantes, ni a convertirse en famosos sacerdotes religiosos, sino a aprender la humildad de corazón. Hay algo completamente nuevo en estas palabras. Agustín de Hipona, por ejemplo, afirmó que esta perspectiva de la humildad «no se encuentra en ningún libro de los epicúreos, los estoicos, los maniqueos o los platónicos. En todos ellos

EL ÉNFASIS
CRISTIANO
EN LA HUMILDAD
ALTERÓ POR
COMPLETO
LA COMPRENSIÓN
DE LO QUE ES
UNA VIDA HUMANA
DE ÉXITO.

encontramos excelentes preceptos sobre costumbres y disciplina; sin embargo, allí no se encuentra esta humildad. La corriente de esta humildad viene de otra fuente: viene de Cristo».[5] No es casualidad que varios de los primeros teólogos de la Iglesia consideraran la humildad como la virtud cristiana por excelencia[6], es decir, que todas las demás virtudes se construyen y sostienen sobre este fundamento: la humildad amorosa demostrada en la autorrevelación de Dios en Jesús. Agustín se preguntaba: «¿A caso [Cristo] enseñó otra cosa, que no fuera esta humildad?».[7]

Jesucristo es la definición última de la humildad. El Nuevo Testamento presenta varias características de la persona humilde, transformada por Jesús:

- Gratitud (1Tes 5.18).
- Capacidad para comprender a los demás y perdonar rápidamente (Col 3.12-14; Ef 4.31-32).
- Un corazón enseñable (2P 3.18; 1Co 4.7; Stg 3.17).
- Actitud servicial y disposición para ayudar a los demás (Ef 4.29).
- Disposición para servir (Gl 5.13-14; Mt 23.11-12).
- Valoración de los intereses de los demás (Flp 2.3-4).
- Respeto hacia todas las personas y honra hacia los mayores (1P 5.5).
- Amistad con las personas necesitadas (Ro 12.16).
- Ausencia de arrogancia (Lc 14.11).
- Autocontrol para no responder a los insultos (1P 2.21-23).
- Tolerancia en amor (Ef 4.2).
- Confianza en la gracia de Dios (2Co 12.9-10).

En una sociedad en la que el éxito se define en términos de productividad y autosuficiencia, la humildad se asocia erróneamente con pasividad y baja autoestima. En la época moderna, filósofos como David Hume y Friedrich Nietzsche, por ejemplo, arremetieron contra el énfasis cristiano de la humildad.[8]

No obstante, a pesar de sus detractores, la noción cristiana de humildad ha atravesado los siglos y sigue siendo pertinente en múltiples ámbitos, como la filosofía,[9] la psicología y las ciencias sociales.[10] Incluso el cínico escritor La Rochefoucauld reconoció que la humildad es «la prueba de las virtudes cristianas: sin ella conservamos todos nuestros defectos, y solo los disimula el orgullo que los oculta a los demás y muchas veces a nosotros mismos».[11]

La persona humilde es capaz de verse a sí mismo con precisión, comprendiendo sus talentos y sus defectos, al mismo tiempo que es desprovisto de arrogancia y baja autoestima. La humildad nos desarma del «síndrome del Mesías», es decir, de la ilusión de que debemos afrontar los problemas de la vida como si fuéramos capaces de salvar el mundo, como si todo dependiera única y exclusivamente de nosotros mismos. Por otra parte, la humildad también nos desarma de sentirnos «víctimas del universo», es decir, de la ilusión de que no podemos hacer nada ante nuestros desafíos. Las personas victimistas se vuelven fatalistas, inertes y acomodadas. Son personas que siempre están dispuestas a culpar a los demás de todo lo que va mal y siempre están transfiriendo sus responsabilidades a otros. Tanto el síndrome del Mesías como el sentirse víctima son caras de la misma moneda: el orgullo. Las personas arrogantes pueden pensar que son capaces de resolverlo todo por sí mismas o «decretar» que no se puede hacer nada. La misma arrogancia impregna ambas posturas. La humildad, gracias a Dios, nos libera de esto.

3

Crea ciclos de descanso

En el tiempo más agitado de la historia,

Cristo puede darte descanso.

BILLY GRAHAM[1]

No necesitamos sufrir un colapso físico o emocional para comprender nuestros límites. Descansar del trabajo es una necesidad vital, porque nuestra energía es finita. El cuerpo humano necesita respirar, dormir, hidratarse y alimentarse.

Sin embargo, a pesar de lo elemental que es el descanso para la vida humana, hay multitudes de personas en todo el mundo que sufren de agotamiento. Un estudio de la Fundación Oswaldo Cruz mostró que el 72% de los brasileños sufre de trastornos del sueño, como el insomnio.[2] Lamentablemente, cada vez son más los trabajadores a los que se les diagnostica el llamado *síndrome de burnout* o *síndrome de agotamiento profesional*. Este síndrome se define como un trastorno emocional con síntomas de agotamiento extremo, estrés y agotamiento físico derivados de situaciones laborales estresantes.[3] La Organización Mundial de la Salud no considera el síndrome de burnout como una enfermedad en sí, pero lo catalogó en el 2022 como un fenómeno ocupacional, siendo uno de los factores de atención para la salud en el contexto profesional.[4] El agotamiento profesional se entiende como un proceso a lo largo del tiempo y un círculo vicioso con tres etapas principales:

- Agotamiento emocional: fallo casi completo de las funciones cognitivas y de la capacidad mental y física.

- Cinismo o despersonalización: deterioro de las relaciones interpersonales y de la conciencia de sí mismo.
- Bajo desempeño y baja sensación de realización: incapacidad para realizar el trabajo, frustración y pérdida de sentido de las actividades.[5]

La principal causa identificada del burnout es el exceso de trabajo. Expertos de todo el mundo recomiendan unánimemente que la mejor manera de prevenir el agotamiento es aprender a llevar una vida equilibrada y reducir el estrés en el trabajo. En este contexto, es impactante que la Biblia afirme desde su primera página la importancia del equilibrio entre el trabajo y el descanso. Después de crear el mundo en seis días, Dios mismo descansó el séptimo día, el sábado, y lo bendijo y lo santificó (Gn 2.1-3). La palabra hebrea *shabbath* significa descansar, cesar o detener el trabajo. Más tarde, tras liberar al pueblo de Israel de la esclavitud en Egipto, Dios lo estableció como cuarto mandamiento del Decálogo:

> Acuérdate de guardar el día de descanso al mantenerlo santo. Tienes seis días en la semana para hacer tu trabajo habitual, pero el séptimo día es un día de descanso y está dedicado al Señor tu Dios. Ese día, ningún miembro de tu casa hará trabajo alguno. Esto se refiere a ti, a tus hijos e hijas, a tus siervos y siervas, a tus animales y también incluye a los extranjeros que vivan entre ustedes. Pues en seis días el Señor hizo los cielos, la tierra, el mar, y todo lo que hay en ellos; pero el séptimo día descansó. Por eso el Señor bendijo el día de descanso y lo apartó como un día santo.
>
> Éxodo 20.8-11

Aunque existan diversos desarrollos bíblicos sobre el principio sabático del descanso, en este capítulo nos centraremos en cuatro aspectos concretos: el origen divino del descanso, la limitación del trabajo, la importancia de los ciclos de descanso y el acto de dormir con fe.

En primer lugar, el principio sabático enseña que *descansar empieza con Dios*. En nuestros días, muchos entienden el descanso como un premio que hay que ganar después del trabajo. Pero la Biblia dice lo contrario: el descanso no llegó al final, sino al principio de la vida humana. En Génesis, Dios creó a la humanidad durante el sexto día de la creación, y en el séptimo descansó. Observa: el primer día completo de la humanidad fue un sábado, un día de descanso, un día bendito y santificado. El descanso es la base de la vida humana, no el fin. El descanso fue el lugar a partir del cual comenzaría todo el trabajo humano. Así, la Biblia enseña que el ritmo de vida establecido por Dios incluye trabajar partiendo de un lugar de descanso y santificación. Todo comienza en comunión con el Creador.

En este sentido, el descanso es, ante todo, un asunto espiritual, referente a nuestra relación con Dios. La Carta a los Hebreos enseña que Jesucristo es el verdadero sábado y nuestro descanso (Heb 4.1-16). El mismo Señor Jesús afirmó: «Vengan a mí todos los que están cansados y llevan cargas pesadas, y yo les daré descanso» (Mt 11.28). Jesús no nos dijo que fuéramos al padre, al pastor o a cualquier otra dirección, sino a sí mismo: «Vengan a mí». Él nos invita hacia sí mismo y nos ofrece un descanso único: «y encontrarán descanso para el *alma*» (Mt 11.29, énfasis añadido). Cuántas personas tienen las camas más caras y la ropa de cama más fina, pero no tienen noches de sueño bendecidas porque sus conciencias están sobrecargadas de culpas y pecados. Solamente Jesús puede purificar nuestra alma. Bíblicamente, la dimensión más profunda del descanso es espiritual y comienza cuando la gracia de Cristo nos alcanza y nos transforma.

En segundo lugar, el principio sabático establece la importancia de *poner límites al trabajo*. Cuando Dios instituyó el descanso

EL PRIMER DÍA

COMPLETO

DE LA HUMANIDAD FUE

UN SÁBADO,

UN DÍA DE DESCANSO,

UN DÍA BENDITO Y

SANTIFICADO.

EL DESCANSO ES LA

BASE DE LA VIDA

HUMANA,

NO EL FIN.

en el día sábado, los israelitas se dieron cuenta del fuerte contraste con las vidas esclavizadas y el ritmo frenético de trabajo que enfrentaron durante su estancia en Egipto bajo la opresión del Faraón. Poner un límite al trabajo, por lo tanto, es un acto de fe y obediencia a Dios y de resistencia a una concepción materialista que reduce la vida humana a producir y consumir bienes de consumo. El trabajo debe tener límites en el tiempo, en el espacio y el corazón: la carrera, el rendimiento, el dinero, el estatus y cosas similares no pueden convertirse en ídolos en nuestra vida. El apóstol Pablo equipara explícitamente la avaricia con la idolatría: «hagan morir [...] la avaricia, la cual es idolatría» (Col 3.5,NVI). A menos que el trabajo sea limitado y vaya acompañado de descanso, no podremos experimentar verdaderamente el plan de Dios para la vida humana. Hay personas que, aunque creen en Dios, siguen viviendo ansiosamente en su trabajo, con una autocarga desmesurada, diciéndose a sí mismas todo el tiempo: «No está lo suficientemente bien». Es evidente que debemos ser excelentes en nuestro trabajo y esforzarnos por mejorar, pero no debemos convertirnos en personas enfermizas y obsesionadas. Las personas emocionalmente saludables disfrutan de los resultados de su trabajo, cultivan la gratitud en su corazón y no se están comparando con los demás todo el tiempo. Por lo tanto, protege tu corazón reconociendo que el último dador y sustentador de tu vida es Dios. Libérate de la necesidad de complacer a todo el mundo y reconoce que no puedes controlarlo todo. Además, el frenesí de la competitividad destruye la paz interior, y la incapacidad para delegar y dividir las tareas provoca sobrecargas autodestructivas. El principio del sábado enseña que debemos librarnos de este apego nocivo al trabajo y al rendimiento, porque el Padre celestial cuida de nosotros: «Pongan todas sus preocupaciones y ansiedades en las manos de Dios, porque él cuida de ustedes» (1P 5.7).

También es importante limitar tus objetivos en el trabajo. En tu carrera profesional, es sabio establecer objetivos desafiantes pero realistas. No confundas los desafíos con fantasías. La Biblia advierte: «El que se esfuerza en su trabajo tiene comida en abundancia, pero el que persigue fantasías no tiene sentido común» (Pr 12.11; ver 28.19). Lejos de ayudarte a alcanzar todo tu potencial y promover tu bienestar, fijarte metas exageradas y poco realistas solo te causará desgaste, frustración y desmoralización. La obstinación en expectativas ilusorias frecuentemente conduce a crisis existenciales. Por lo tanto, reexamina tus expectativas: ¿Los objetivos que has establecido para ti mismo dependen única y exclusivamente de ti? ¿Las etapas de tu proyecto son prácticas, factibles y realizables? Para perfeccionar tus objetivos y hacerlos más sabios, necesitas definirlos de forma más sencilla. Establece objetivos pequeños al principio y, en la medida de tu desarrollo profesional, aumenta el tamaño y el alcance de tus objetivos (Mt 25.14-30; Lc 19.11-27; 1Tim 3.5).

Para establecer objetivos realistas, también puedes:

- Hacer un equilibrio de tus capacidades y comprender mejor cuáles son tus puntos fuertes y débiles (Ro 12.3).
- Evaluar tu capacidad para asumir nuevos compromisos a corto plazo (Ef 5.16).
- Identificar posibles amenazas y obstáculos (Pr 14.15).
- Leer y estudiar historias de éxito y fracaso (Pr 13.20).
- Obtener retroalimentaciones de otras personas (Pr 24.6).
- Insertar tus objetivos en un cronograma más amplio (Pr 14.29).

Cuanto más estudies tus objetivos y más diligente trabajes, mayores serán tus posibilidades de éxito: «Los planes bien pensados y el arduo trabajo llevan a la prosperidad, pero los atajos tomados a la carrera conducen a la pobreza» (Pr 21.5).

En la Biblia, el principio sabático de limitar el trabajo es tan serio que implica también el cuidado de los necesitados, de los trabajadores más simples, de los animales y de toda la naturaleza:

> Siembra y recoge tus cosechas durante seis años, pero el séptimo año deja que la tierra se renueve y descanse sin cultivar. Permite que la gente pobre de tu pueblo coseche lo que crezca por sí mismo durante ese año. Deja el resto para que coman los animales salvajes. Haz lo mismo con tus viñedos y olivares. Tienes seis días en la semana para hacer tu trabajo habitual, pero el séptimo día dejarás de trabajar. Así tu buey y tu burro podrán descansar, y también recobrarán sus fuerzas tus esclavos y los extranjeros que vivan en medio de ti.
>
> Éxodo 23.10-12

Estas instrucciones exhortan al pueblo de Dios, en todo tiempo y lugar, a alzar la voz contra toda opresión sobre los trabajadores que sean privados de su descanso y dignidad. El apóstol Santiago advierte explícitamente sobre esta cuestión: «Así que ¡escuchen! Oigan las protestas de los obreros del campo a quienes estafaron con el salario. Los reclamos de quienes les cosechan sus campos han llegado a los oídos del Señor de los Ejércitos Celestiales» (Stg 5.4). La limitación del trabajo, por tanto, no es solo una cuestión individual, que concierne a nuestro propio éxito y satisfacción, sino que es también una cuestión colectiva y cósmica, porque concierne a todos los hombres y a toda la creación.

En tercer lugar, es fundamental *crear ciclos de descanso*. El principio sabático es más que un formalismo, un mero «parar las actividades» durante un día. Es una disciplina espiritual que impregna todo nuestro ritmo de vida. Cuando estudiamos la vida de Jesús, nos damos cuenta de que a lo largo de su ministerio mantuvo un ritmo de descanso sabático, reservando tiempo para la soledad, la reflexión, la oración y la contemplación:

- «[Jesús] se alejaba al desierto para orar» (Lc 5.16).
- «Cierto día, poco tiempo después, Jesús subió a un monte a orar y oró a Dios toda la noche» (Lc 6.12).
- «A la mañana siguiente, antes del amanecer, Jesús se levantó y fue a un lugar aislado para orar» (Mr 1.35).
- «Después de despedirse de la gente, subió a las colinas para orar a solas» (Mr 6.46).

Bíblicamente, los ciclos de descanso son, sobre todo, ciclos de comunión con Dios. Como dijo Billy Graham: «Nada puede aliviar nuestra alma ni prepararnos mejor para los desafíos de la vida que el tiempo que pasamos a solas con Dios».[6] Pasar tiempo con Dios es esencial para nuestra continua restauración espiritual. Ese momento regular de adoración a Dios tiene dimensiones tanto personales (Mt 6.6) como comunitarias (Heb 10.25). Toda la confusión a la que nos enfrentamos a diario en un mundo lleno de violencia, guerras, plagas y muertes puede llevarnos literalmente a la locura. Si aprendemos a separar tiempo para cultivar nuestra relación con Dios, tendremos renovación espiritual y fuerzas para afrontar las tormentas de la existencia.

Los ciclos de descanso son también ciclos de quietud. El aislamiento recurrente de Jesús de la multitud muestra la importancia de dejar espacio al silencio. Alguien dijo una vez que «pueden faltarnos las palabras, pero nunca debe faltarnos el silencio». Sin silencio, incluso las palabras pierden su significado. Un flujo continuo y mezclado de sonidos hace que las palabras sean indistinguibles e incomprensibles. Del mismo modo, es necesario que haya espacio entre las letras y las palabras como signos gráficos. Fíjate, por cierto, cómo en la frase que estás leyendo ahora hay una distancia adecuada entre cada palabra y cada letra. Esta organización es la que permite el proceso de lectura. De igual manera, los momentos de silencio y el espacio entre las palabras son esenciales para la salud mental y espiritual. Un minuto de silencio con Dios vale más que semanas de especulación inoportuna en tu mente.

Los ciclos de descanso también implican relacionamientos y reflexión. En el primer sábado, el primer hombre y la primera mujer se tuvieron el uno al otro. Jesús mismo se alejaba regularmente de las multitudes con sus discípulos. En estas ocasiones, la Biblia afirma que ellos tenían tiempo para descansar e incluso para comer adecuadamente. Por ejemplo, Marcos 6.31-32 registra:

Entonces Jesús les dijo: «Vayamos solos a un lugar tranquilo para descansar un rato». Lo dijo porque había tanta gente que iba y venía que Jesús y sus apóstoles no tenían tiempo ni para comer. Así que salieron en la barca a un lugar tranquilo, donde pudieran estar a solas.

En otras ocasiones, los Evangelios muestran que, en retiros solitarios, Jesús iniciaba conversaciones profundas con sus discípulos y los llevaba a reflexionar sobre grandes cuestiones. Necesitamos tiempo con regularidad para cultivar relaciones significativas y para ordenar nuestros pensamientos revueltos por los afanes de la vida. Elimina de tu vida las actividades en las que ya no encuentras valor. Prioriza cultivar relaciones significativas.

Los ciclos de descanso son ciclos de deleite y contemplación. En el primer sábado, Dios descansó y se sintió satisfecho en su creación. El tiempo para contemplar es esencial para las almas creadas para la belleza. El salmista deseó contemplar diariamente la belleza de Dios (Sal 27.4). Jesús enseñó a combatir la ansiedad observando atenta y reflexivamente las aves del cielo y los lirios del campo (Mt 6.25-34; Lc 12.22-34). Si no desarrollamos

PUEDEN FALTARNOS

LAS PALABRAS,

PERO NUNCA DEBE

FALTARNOS

EL SILENCIO.

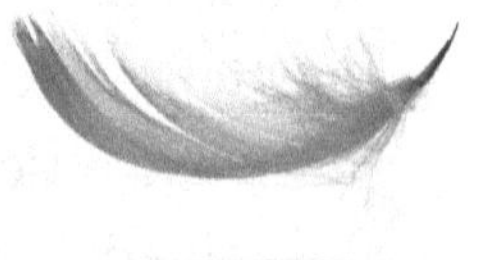

un estilo de vida sabático, podemos ser fácilmente abrumados por el inmediatismo de la vida contemporánea.

Nuestra comprensión del tiempo está tan profundamente arraigada en nuestros hábitos que perdemos la conciencia de cómo nos moldea en todas las áreas. Luisa J. Gallagher afirma que «nos acostumbramos a cierto ritmo, a reglas tácitas, y pronto estos patrones se convierten en una segunda naturaleza».[7] En este contexto, conviene resaltar la importancia de establecer un tiempo alejado de los dispositivos electrónicos. Los teléfonos celulares proporcionan a los empresarios acceso a los empleados en cualquier momento, así como a proveedores, clientes, colegas y competidores. Muchas personas empiezan y terminan sus días con un teléfono móvil en las manos. También puede resultar difícil establecer ciclos de descanso en contextos de trabajo en casa. Especialmente en el periodo de la pandemia del covid-19, el confinamiento en casa y la expansión de diversas modalidades de trabajo remoto han desvanecido la línea que separa la vida personal del ámbito profesional. Pero no hay que desanimarse: es necesaria la inteligencia, la determinación y la convicción para no dejar que el trabajo se trague nuestros momentos de descanso. Desconecta todos los aparatos electrónicos, apaga el ruido y respira. Desarrolla el hábito de respirar profundamente. En Génesis, Dios sopló vida en el hombre. Respira profundamente y con cada respiración recuerda quién está respirando en ti.

En cuarto y último lugar, el principio sabático nos enseña a *dormir con fe*. El descanso es, por definición, restaurador. Es des-*cansar*. Numerosos estudios científicos indican que la calidad y la cantidad de sueño están directamente relacionadas con la presión arterial, los niveles de azúcar en la sangre, la eficacia del sistema inmune, la preservación de la memoria, la estabilidad emocional y el rendimiento cognitivo general.[8] Un proverbio irlandés dice: «Una buena carcajada y un largo sueño son las mejores curas en el libro del médico». De hecho, no hay prácticamente ningún trastorno psiquiátrico en el que el sueño de la persona sea normal. Estar sin dormir es una tortura, no un trofeo.

Por otro lado, dormir bien es un indicio de salud emocional. En la Biblia, dormir es también un tema espiritual. El sueño es un regalo dado por un Dios que nunca duerme y expresa nuestra fe en sus cuidados. El salmista afirma: «Me acosté y dormí, pero me desperté a salvo, porque el Señor me cuidaba» (Sal 3.5). El sueño tranquilo es descrito como lo contrario de la ansiedad. Podemos dormir porque el Padre no duerme. Jesús durmió tranquilamente en medio de una tormenta violenta (Mr 4.37-39). El sueño de Jesús es el sueño de paz que a un mundo caído e inquieto le cuesta alcanzar.[9]

Así que tómate en serio tus noches de sueño y enfrenta el acto de dormir con fe. Desarrolla una rutina relajante a la hora de dormir. El descanso es el puente entre un día agitado y una noche de sueño tranquila. Apaga tus aparatos electrónicos, lleva tus pensamientos ansiosos delante de Dios, renueva tu mente en las Escrituras. No pierdas de vista el discernimiento y, «Puedes irte a dormir sin miedo; te acostarás y dormirás profundamente» (Pr 3.24).

4

Examina tu vida con regularidad

¿Qué es necesario para recibir la verdadera bendición de verte en el espejo de la Palabra? En primer lugar, es necesario que no solo mires el espejo, sino que te mires a ti mismo dentro del espejo.

SØREN KIERKEGAARD[1]

os engañamos a nosotros mismos con una frecuencia impresionante. Hay tres ejemplos de autoengaño que han sido ampliamente estudiados en la literatura científica.[2]

El primero es *la ilusión de control*, en la que la persona tiene la creencia infundada de que puede controlar eventos que son completamente externos e independientes. Es el caso comúnmente verificado en los casinos, donde la gente tiende a imaginar que tiene más posibilidades de ganar una partida si arroja los dados ella misma. En esas ocasiones los jugadores acostumbran a hacer apuestas más grandes.

El segundo es la *creencia de estar por encima de la media* (también llamada ilusión de superioridad), en la que la persona tiene una percepción de que su trayectoria y competencias son más positivas de lo que indica la realidad. Un ejemplo famoso procede de una encuesta realizada a profesores de colegio: el 94% cree que son profesores por encima de la media. No todos pueden tener la razón.

El tercero es *el optimismo irrealista*, en el que la persona cree que es inmune a todo tipo de acontecimientos negativos, como enfermedades y crisis matrimoniales. Hay personas que simplemente no reflexionan adecuadamente sobre su propia vida. Una vida sin autoexaminarse conduce invariablemente a frustraciones, decepciones y todo tipo de sufrimientos innecesarios.

El autoexamen es una disciplina central en la tradición espiritual cristiana. Se trata de una reflexión profunda sobre la vida a la luz de la Palabra de Dios y con la ayuda de Dios mismo. La Biblia advierte: «La gente puede considerarse en lo correcto según su propia opinión, pero el Señor examina el corazón» (Pr 21.2). Es mucho más fácil para una persona asumir que tiene la razón y que los demás están equivocados, que examinar su propia vida de forma sincera. Podemos engañar a los demás e incluso a nosotros mismos, pero no podemos engañar a Dios (Gl 6.7-8). La sabiduría del autoexamen consiste en evaluar honestamente nuestra vida para que podamos ser lo que Dios quiere que seamos y no lo que nuestra carne ha aceptado como permitido. Mediante el autoexamen en el temor del Señor, disipamos las ilusiones en nuestra autocomprensión, aumentamos nuestra confianza en Dios, comprobamos la salud de nuestra vida espiritual y nos volvemos capaces de ayudar a otras personas.

Lamentablemente, muchas personas son buenas para examinar la vida de los demás, pero incapaces de examinarse a sí mismas. Jesús advirtió contra la hipocresía de señalar la astilla en el ojo ajeno sin quitar antes el enorme tronco del ojo propio (Mt 7.3). Aunque es mucho más fácil ver los pecados y las faltas de los demás, Pablo exhortó a la iglesia de Corinto: «Examínense para saber si su fe es genuina. Pruébense a sí mismos. Sin duda saben que Jesucristo está entre ustedes; de no ser así, ustedes han reprobado el examen de la fe genuina» (2Co 13.5). La palabra griega traducida como «examinar» en este texto es *peirazo*, que se refiere a una prueba, un examen, una inspección intensa con el propósito de comprobar algo. El autoexamen no es un procedimiento banal y afanado, hecho con prisa y de manera superficial. Por ejemplo, muchos cristianos tienen la costumbre de comenzar sus oraciones pidiéndole perdón a Dios en arrepentimiento por cualquier pecado que hayan cometido. Este hábito, aunque importante, no constituye exactamente un autoexamen. Conforme vamos aprendiendo en las Escrituras, el autoexamen es un proceso mucho más completo y profundo que la simple oración pidiendo purificación, porque implica reflexión, confrontación y desarrollo del carácter.

Las Escrituras enseñan que el autoexamen no es una mera autocrítica. Nótese que Pablo dijo que los corintios «sin duda saben que Jesucristo está entre ustedes». La presencia del Señor mismo es el rasgo distintivo del autoexamen cristiano. Los siervos de Dios no se examinan a sí mismos basándose en su propio entendimiento, porque «el corazón humano es lo más engañoso que hay, y extremadamente perverso. ¿Quién realmente sabe qué tan malo es?» (Jer 17.9). Si dependiéramos solo de nosotros mismos, podríamos caer fácilmente en los extremos. Existen quienes se creen puros, porque están llenos de autojustificaciones; pero también hay quienes se deprimen, llenos de autoconmiseración. En ambos casos hay criterios de evaluación equivocados y una dosis considerable de orgullo.

Por eso, en el autoexamen cristiano, el criterio para el análisis es el Evangelio de Jesús. La obra de Cristo en la cruz revela, por un lado, la violencia y la maldad de nuestro pecado y, por otro, la grandeza y el poder del amor de Dios. En la muerte y resurrección de Cristo, comprendemos nuestra propia identidad, la seriedad de nuestro pecado y la bendición de la nueva vida que recibimos en él. No nos transformamos absortos en nosotros mismos, sino contemplando la gloria de Cristo (2Co 3.18). Robert Murray M'Cheyne dijo: «Por cada mirada a ti mismo, mira diez veces a Cristo».[3]

Vivimos en una época en la que nuestra vida está monitoreada a través de diversos aparatos tecnológicos. La profesora Shoshana Zuboff afirma que «hubo un tiempo en el que buscábamos

PARA LOS QUE SE CREEN PUROS, LA CRUZ NO ES NECESARIA; PARA LOS QUE SE CREEN SIN VALOR, LA CRUZ NO ES SUFICIENTE.

en Google. Ahora Google busca en nosotros».[4] Hay personas que controlan y evalúan diaria y obsesivamente su propio rendimiento físico: la cantidad de pasos, la frecuencia cardiaca, la presión arterial, etc. La investigadora Deborah Lupton dice que vivimos en la era del *quantified self*, de los seres humanos cuantificados.[5] Sin embargo, Dios nos conoce mejor que cualquier equipo que exista o vaya a existir jamás. Él conoce las profundidades de nuestro espíritu. Nos conoce mejor de lo que nos conocemos nosotros mismos. El Señor es totalmente digno de confianza, y es él quien establece los parámetros de evaluación en su Palabra. Por eso, en el autoexamen cristiano clamamos por la ayuda de Dios, como hizo el salmista: «Examíname, oh Dios, y conoce mi corazón; pruébame y conoce los pensamientos que me inquietan. Señálame cualquier cosa en mí que te ofenda y guíame por el camino de la vida eterna» (Sal 139.23-24).

Cuando las personas se miran en el espejo, ven un reflejo de sí mismas. Las personas necesitan mirarse en el espejo espiritual y examinar su realidad espiritual, midiendo por el estándar de la Palabra de Dios (Stg 1.22-25). Tatuarnos versículos no nos protege. Las camisetas, los stickers y las pulseras con frases evangélicas no son capaces de cambiar nuestra vida. La Palabra necesita transformarnos de dentro hacia fuera. Por eso, lee y reflexiona sobre textos bíblicos esenciales sobre la conducta cristiana, como por ejemplo las bienaventuranzas (Mt 5.1-12), las obras de la carne y el fruto del Espíritu (Gl 5.19-23) y los Diez Mandamientos (Éx 20.1-21). Pregúntate honestamente si estás viendo alguna de estas actitudes o comportamientos en tu vida. Pero realiza siempre este examen en el temor del Señor y en su presencia. Dios es quien nos quebranta para que reconozcamos nuestros errores, y es quien nos vigoriza y nos llena de esperanza. Dios mismo nos examina y nos prueba: «Pero yo, el Señor, investigo todos los corazones y examino las intenciones secretas. A todos

NO PORQUE ALGUIEN

HAYA

SERVIDO AL SEÑOR

DURANTE AÑOS

SIGNIFICA QUE HOY

ESTÉ VIVIENDO

DE UNA MANERA

AGRADABLE A DIOS.

les doy la debida recompensa, según lo merecen sus acciones»
(Jr 17.10).

El autoexamen debe realizarse con regularidad. No porque
alguien haya servido al Señor durante años significa que hoy
esté viviendo de una manera agradable a Dios (1Co 10.12). Así
pues, somos llamados a realizar el autoexamen con Dios en el
acto solemne de la Cena del Señor: «Por esta razón, cada uno
debería examinarse a sí mismo antes de comer el pan y beber de
la copa» (1Co 11.28). No se puede eludir ninguna área. Desconfía
de ti mismo. Es necesario examinar las motivaciones, las palabras, los pensamientos, las acciones, las reacciones, las inseguridades, las perplejidades, las relaciones, los estudios, el trabajo,
las finanzas, los dolores, los placeres, en fin, toda nuestra vida.
Necesitamos reflexionar y orar como Job: «Dime, ¿qué he hecho
mal? Muéstrame mi rebelión y mi pecado» (Job 13.23). Una vez
que se ha identificado el pecado en nuestra vida, hay que confe-
sarlo y renunciar a él. A menudo nos cuesta admitir los errores,
pero tenemos que ser humildes y reconocerlos. No busques au-
tojustificarte. Justificar un error es errar otra vez. La Biblia enseña que Dios perdona los pecados confesados, no las excusas
falsas (1Jn 1.5-10; Pr 28.13). Cuando un creyente es honesto y
abierto ante Dios, habrá un crecimiento espiritual continuo.

Muchas personas practican diariamente el *examen de conciencia nocturno*, antes de irse a dormir. El salmista decía al respecto:
«Pienso en los viejos tiempos, que acabaron hace tanto, cuando
mis noches estaban llenas de alegres canciones. Ahora busco en mi
alma y considero la diferencia» (Sal 77.5-6). En este autoexamen
nocturno, podemos reflexionar sobre nuestro día y, sobre todo, el
estado de nuestra conciencia. ¿Es buena (1Tim 1.5), limpia (1Tim
3.9) y pura (2Tim 1.13)? ¿O es débil (1Co 8.7), corrompida (Tit 1.15)
y cauterizada (1Tim 4.2)? Todos somos humanos y propensos al
error y al desequilibrio si no dedicamos tiempo al autoexamen y a

la revisión de nuestra vida. Una vez que desarrollemos este hábito diario, tendremos más capacidad para vivir con una conciencia libre de ofensas hacia Dios y hacia las personas (Hch 24.16).

El *ayuno y la oración* son también hábitos históricamente asociados al autoexamen. Las Escrituras indican que ayunando y orando podemos aumentar nuestro sentido de humildad y recordar cuánto necesitamos a Dios, es decir, tendremos la mentalidad adecuada para el autoexamen. Una práctica adicional en este proceso es *llevar un diario espiritual*. Tener un cuaderno para anotar regularmente tus oraciones, angustias, alegrías y reflexiones bíblicas es una estrategia ampliamente practicada por los cristianos de todo el mundo. Escribir permite registrar los pensamientos y examinarlos. Por ejemplo, el libro de Ester cuenta que en una ocasión el rey, incapaz de conciliar el sueño, se puso a reflexionar sobre el libro de crónicas de su reinado (Est 6.1). Además de la reflexión, llevar un diario nos permite observar mejor lo que desencadena sentimientos buenos o malos en nuestra vida. Es una buena práctica para volvernos más conscientes espiritual y emocionalmente.

El autoexamen cristiano implica una reflexión seria sobre nuestras emociones y sentimientos. Las emociones ocupan un lugar central en nuestro camino. La complejidad de las emociones se corresponde con la complejidad de la propia vida humana. Así que no seas superficial al tratar tu temperamento. Es útil describir y nombrar con más precisión lo que sientes. Cuando alguien pregunta: «¿Cómo estás?», solemos responder: «Estoy bien». Resulta que «bien» no es un sentimiento, es solo una respuesta estándar, afable y cortés. El problema es cuando somos escapistas e imprecisos ante nosotros mismos. Así que, en el momento adecuado, reflexiona detalladamente sobre lo que en realidad te hace «bien». Sé más específico: «Me siento agradecido», «entusiasmado», «ligero».

La Universidad de Berkeley publicó un estudio que identificó 27 sentimientos humanos básicos: admiración, adoración, alivio, anhelo, ansiedad, apreciación estética, arrebato, calma, confusión, deseo sexual, dolor empático, espanto, extrañeza, emoción, horror, envidia, interés, júbilo, miedo, asco, nostalgia, ira, romance, satisfacción, sorpresa, aburrimiento y tristeza.[6] Nombrar los sentimientos es un excelente ejercicio para comprender realmente que, como dijo el poeta Fernando Pessoa, «a cada emoción una personalidad, a cada estado del alma un alma».[7]

De vez en cuando es valioso hacer *retiros espirituales* para reflexionar con calma y profundidad. Vimos en el capítulo anterior que el propio Señor Jesús realizaba regularmente retiros de oración y reflexión. Podemos aprovechar los cambios de estación, las vacaciones, los días festivos, el cambio de año, el cambio de semestre, entre otros, como oportunidades para el autoexamen. Realiza inventarios de tu propia vida. Revisa y reflexiona sobre tu agenda, tu correo electrónico, tus cajones. Separa un tiempo para reflexionar, por ejemplo:

- ¿Cuántos amigos nuevos he hecho?
- ¿Qué libros edificantes leí?
- ¿A quién he alegrado?
- ¿Qué porcentaje de buenas y malas palabras han salido de mi boca?
- ¿Qué talentos he desarrollado?
- ¿Cuáles son mis motivaciones?
- ¿Cómo reacciono ante las decepciones de la vida?
- ¿Estoy dando realmente testimonio del Evangelio?

La ostentación espiritual no salva a nadie (Lc 16.15; 2Co 10.18). Jesús habló extensamente sobre la justicia propia de los líderes religiosos hipócritas (Mt 23.23-29). Ellos hablaban las palabras correctas y vestían las ropas correctas, pero interiormente vivían en la inmundicia espiritual. Eran lobos disfrazados de ovejas. Quien se toma en serio la disciplina espiritual del autoexamen, también se toma en serio la advertencia de Jesús de que no todos los que claman su nombre de boca para fuera entrarán en el reino de los cielos (Mt 7.21-23). Por eso, «en cambio, probemos y examinemos nuestros caminos y volvamos al Señor» (Lam 3.40).

5
Cuida tu cuerpo

Soy un corazón latiendo en el mundo.

CLARICE LISPECTOR[1]

Es evidente en las Escrituras la integración entre la salud física, mental y espiritual. Proverbios afirma que aquel que atiende a la sabiduría recibe vida y «salud a todo el cuerpo» (Pr 4.22). De igual manera, «la paz en el corazón da salud al cuerpo» (Pr 14.30) y «el corazón alegre es buena medicina» (Pr 17.22). El apóstol Juan, saludando a su remitente, dice: «Querido amigo, espero que te encuentres bien, y que estés tan saludable en cuerpo así como eres fuerte en espíritu» (3Jn 1.2). También Pablo intercede por la salud de los tesalonicenses en todas sus dimensiones: «que el Dios de paz los haga santos en todos los aspectos, y que todo su espíritu, alma y cuerpo se mantenga sin culpa hasta que nuestro Señor Jesucristo vuelva» (1Tes 5.23). Así que, la Biblia enseña que cuidar del propio cuerpo es una actitud humana básica: «Nadie odia su propio cuerpo, sino que lo alimenta y lo cuida» (Ef 5.29). Para los cristianos, el cuerpo es también templo de Dios, habitado por el mismo Espíritu Santo (1Co 6.19-20). Por lo tanto, no hay que idolatrar el cuerpo (porque no es Dios), pero tampoco menospreciarlo ni tratarlo con desdén (porque es un templo). Promover el bienestar físico es una forma de honrar a Dios. En este capítulo destacaremos específicamente tres dimensiones del cuidado corporal: debemos *nutrir* el cuerpo, *ejercitar* el cuerpo y *velar* por el cuerpo.

En primer lugar, necesitamos *nutrir adecuadamente nuestro cuerpo.* Cada vez que las personas se sientan a la mesa, sus

LA BIBLIA COMIENZA Y TERMINA CON COMIDAS. LAS PRIMERAS PALABRAS DE DIOS A LA HUMANIDAD SON UNA INVITACIÓN A COMER, LA VISIÓN FINAL DEL MUNDO ES UN BANQUETE CELEBRATORIO DE BODAS.

estómagos son la evidencia irrefutable con la que demuestran que no son dioses autosuficiéntes, sino criaturas finitas y mortales, dependientes de los múltiples dones de Dios: la luz del sol, el agua, la fertilidad del suelo, la fotosíntesis, las abejas, las gallinas, las vacas, los agricultores, los granjeros, los cocineros, los extraños, los amigos, y así sucesivamente.[2] Comer nos recuerda que participamos en un mundo saturado de la gracia de Dios. Es interesante notar que la Biblia comienza y termina con comidas. Las primeras palabras de Dios a la humanidad son una invitación a comer; el primer conflicto de la Biblia se produce en torno a una comida prohibida; el primer milagro de Jesús implicó convertir el agua en vino; el último acto de Jesús antes de su muerte fue compartir una cena con pan y vino; y la visión final del mundo es un banquete celebratorio de bodas. La alimentación es un tema teológico central.[3]

A lo largo de los siglos, los teólogos cristianos han reflexionado sobre la superabundancia de Dios, que vive eternamente en el intercambio mutuo del amor nutritivo, la verdad, bondad y belleza entre el Padre, el Hijo y el Espíritu Santo. El don de Dios ha sido generosamente compartido con la creación y la humanidad. La creación es un banquete cósmico y una red interdependiente de señales comestibles que participan en el compartir divino. El pecado humano alteró la nutritiva comunidad de la creación. Como respuesta a esto, la Encarnación es el compartir radical de Dios, que se convirtió en propio alimento en el banquete eucarístico. Jesucristo, el Pan Vivo que bajó del cielo, reorientó la interdependencia entre las comunidades humanas, entre la humanidad y la creación, y entre toda la creación y Dios.

En la perspectiva cristiana, no solo importa lo que comemos, sino cómo comemos. «Así que, sea que coman o beban o cualquier otra cosa que hagan, háganlo todo para la gloria de Dios»

(1Co 10.31).[4] Antes de cualquier comida, tenemos que ser conscientes de que Dios es el Señor de la vida. Ni la comida ni la dieta pueden ser ídolos en nuestro corazón. El deseo por la comida no puede dominar tu vida. Pablo habló de las personas cuyo dios es su propio estómago (Flp 3.19) y advirtió contra los deseos incontrolados y perjudiciales (2Tim 1.7; véase Pr 23.20-21). Muchas personas desarrollan hábitos alimentarios compulsivos. En medio de situaciones difíciles, como la frustración, el estrés, la soledad y la tristeza, empiezan a comer en exceso en busca de alivio, consuelo y evasión. Jesús enseñó que la vida es más que la comida (Lc 12.23) y que no solo de pan vivirá el hombre, sino de toda palabra que sale de la boca de Dios (Mt 4.4). El dominio propio es fruto del Espíritu Santo en la vida de los discípulos de Jesús. Así que, para nutrir adecuadamente nuestro cuerpo, debemos evitar el exceso de alimentos que son notoriamente perjudiciales para la salud humana, como los alimentos procesados, las grasas, los azúcares y así sucesivamente.

La hermana Becky Lehman, en su libro *Menos de mim: Um devocional para sua jornada de perda de peso* (Menos de mí: Un devocional para tu camino hacia la pérdida de peso), afirma que los cristianos deben estar más atentos cuando se están alimentando. De hecho, a través de la oración antes de las comidas, es posible dar gracias por el regalo de la comida, interceder por aquellos que necesitan la provisión y pedirle autocontrol al Espíritu de Dios.[5]

En nuestra nutrición, tampoco debemos caer en el otro extremo, es decir, en la idolatría de la dieta, en la deificación del cuerpo y de la apariencia. Hay personas que llegan a exaltar las dietas estrictas y las prácticas ascéticas como medio de salvación, que es una actitud expresamente condenada en las Escrituras (Col 2.16-23). De hecho, las reglas alimentarias ceremoniales eran un tema de gran importancia para las comunidades cristianas primitivas, ya que históricamente eran algunas de las marcas que definían a los israelitas. La ley levítica categorizaba los alimentos puros e impuros, es decir, aptos y no aptos para el consumo humano, además de describir los procedimientos ceremoniales para preparar las comidas y disfrutar de ellas. Pero desde Cristo, todos los alimentos fueron considerados puros (Mr 7.14-23; Hch 10.9-28; 1Co 8.1-13; 10.23-33; 1Tim 4.3-5). El propio Señor Jesús no era un asceta, sino que participaba en las comidas con alegría y constancia. Este comportamiento hizo que sus enemigos le acusaran de «borracho» y «comilón» (Mt 11.19; Lc 7.34). La acusación, obviamente falsa, procedía de líderes religiosos hipócritas que no toleraban la actitud sociable y alegre de Jesús, que valoraba la belleza de la vida creada por Dios. Jesús enseñó y demostró que comer es un momento legítimo de alegría, satisfacción y gratitud para los hijos e hijas de Dios.

Así, al nutrir nuestro cuerpo, debemos aprender a saborear los alimentos. Como dice Eclesiastés: «Come tus alimentos con alegría y bebe tu vino con un corazón contento, ¡porque Dios lo aprueba!» (Ec 9.7).

Hay dos proverbios bíblicos que regulan el hábito de comer con sabiduría: «Come miel, hijo mío, porque es buena, y el panal es dulce al paladar» (Pr 24.13); y «Si encuentras miel, no comas demasiada, no sea que enfermes y vomites» (Pr 25.16). Una persona con un cuerpo bien alimentado sabe tanto saborear como limitar los alimentos. En español, la relación entre los términos *saber* y *sabor* es muy interesante. Ambos términos tienen sus raíces en la palabra latina *sapio* o *sapere*, que significan tanto «tener sabor», «gustar», como «entender», «saber». La conexión entre la sabiduría y la alimentación es incuestionable.

Muchas personas, cuando caen en una profunda depresión, pierden el apetito y empiezan a decaer. El episodio bíblico de

Elías en la cueva es instructivo con respecto a eso. En el momento de profundo abatimiento del profeta, el propio Señor Dios lo llevó a un período de descanso y de alimentación. Mientras Elías dormía, un ángel lo tocó y le dijo: «¡Levántate y come!» (1R 19.5). Entonces Elías comió, bebió y volvió a acostarse. Tras repetir este proceso, la Biblia nos dice que «Entonces se levantó, comió y bebió, y la comida le dio fuerza suficiente para viajar durante cuarenta días y cuarenta noches» (1R 19.8). Otro episodio emblemático se registra en Hechos: un barco con 276 personas a bordo se enfrentó a una tempestad y quedó a la deriva. Entonces Pablo insistió en que todos comieran. «Ustedes han estado tan preocupados que no han comido nada en dos semanas» dijo él. «Por favor, por su propio bien, coman algo ahora» (Hch 27.33-34). Después de tomar el pan y dar gracias a Dios en presencia de todos, Pablo lo partió en trozos y comió. «Todos se animaron y empezaron a comer» (Hch 27.36).

El Evangelio nos enseña la importancia de la alimentación, no solo para nosotros mismos, sino también para todas las personas. Que también podamos tenderle la mano a los necesitados que necesitan del pan. Como nos recuerda Ángel Montoya, la Cena del Señor es el mayor paradigma de epistemología y ontología culinaria.[6] Jesús mismo es el alimento definitivo que nutre y sacia nuestras vidas. Reconsiderar nuestros hábitos alimenticios es una actitud sabia: podemos realizar una desintoxicación alimentaria; reevaluar la cantidad de comida que ponemos en nuestros platos; evitar los alimentos grasos; aumentar nuestro consumo de frutas, vegetales, legumbres y granos integrales; estar más agradecidos por la comida que tenemos; trabajar con más amor y misericordia en pro de las personas hambrientas; aprovechar mejor la hora de la comida a la luz del evangelio y su significado espiritual.

En segundo lugar, tenemos que *ejercitar el cuerpo*. Según la Organización Mundial de la Salud, la obesidad mundial casi se triplicó entre 1975 y 2016. Entre los principales factores se encuentran no solo la ingesta de demasiados alimentos grasos y azucarados, sino también los cambios drásticos en el estilo de vida de las personas, que se volvieron más inactivas físicamente. La naturaleza sedentaria de las nuevas formas de trabajo, la urbanización y los nuevos medios de transporte se han identificado como factores que inhiben la actividad física.[7] Los trabajadores de hoy en día pasan largos periodos de tiempo sentados, lo que los expone a un riesgo significativamente mayor de sufrir enfermedades. Varios médicos afirman que permanecer sentado durante mucho tiempo es «el nuevo tabaquismo» y un verdadero «asesino silencioso».[8]

En este contexto, debemos tener en cuenta que la Biblia afirma sustancialmente que el movimiento es una característica importante del cuerpo humano. Al sintetizar la vida humana en Dios, Pablo afirmó que: «en él vivimos, nos *movemos* y existimos» (Hch 17.28, énfasis añadido). El movimiento es vida: nuestro corazón late, nuestros pulmones inspiran y expiran, nuestra sangre circula por todo el cuerpo. Por lo tanto, hacer ejercicio promueve nuestro bienestar físico y mental de varias maneras: aumentando la vitalidad; fortaleciendo los músculos; reduciendo la presión arterial; proporcionando emociones agradables con la liberación de endorfinas; regulando el azúcar en la sangre; mejorando la función cardiaca; reduciendo el estrés, la ansiedad y la depresión; aumentando la calidad del sueño nocturno.

Pablo, en particular, utilizó múltiples metáforas y terminología atlética en sus escritos.[9] Él anhela no haber corrido en vano en su actividad misionera (Gl 2.2; Flp 2.16), y reprende a los cristianos gálatas: «Ustedes corrían muy bien la carrera. ¿Quién les impidió seguir la verdad?» (Gl 5.7). En Romanos 9.16, él afirma que la misericordia depende solo de Dios y no de nuestra carrera, es decir, de nuestros propios esfuerzos. En Filipenses 1.27-30, anima a la Iglesia a actuar como un equipo tácticamente ajustado. En Colosenses, afirma que luchará por los creyentes (Col 1.29-2.1), al igual que Epafras (Col 4.12). El deseo de Pablo era correr hacia la línea de llegada y recibir el premio celestial (Flp 3.12-14). Al final de su vida afirmó haber completado su carrera (2Tim 4.7-8). Hay otros diversos usos alusivos a las prácticas atléticas en los escritos paulinos,[10] pero destacaremos tres textos más directos:

> ¿No se dan cuenta de que en una carrera todos corren, pero solo una persona se lleva el premio? ¡Así que corran para ganar! Todos los atletas se entrenan con disciplina. Lo hacen para ganar un premio que se desvanecerá, pero nosotros lo hacemos por un premio eterno. Por eso yo corro cada paso con propósito. No solo doy golpes al aire. Disciplino mi cuerpo como lo hace un atleta, lo entreno para que haga lo que debe hacer. De lo contrario, temo que, después de predicarles a otros, yo mismo quede descalificado.
>
> 1Corintios 9.24-27

> El entrenamiento físico es bueno, pero entrenarse en la sumisión a Dios es mucho mejor, porque promete beneficios en esta vida y en la vida que viene.
>
> 1Timoteo 4.8

> Asimismo ningún atleta puede obtener el premio a menos que siga las reglas.
>
> 2Timoteo 2.5

Cuando leemos estos textos juntos, aprendemos que Pablo consideraba el ejercicio físico como una actividad legítima y valiosa, capaz de promover no solo una complexión física y mental saludable, sino también el carácter. Pablo asocia la práctica deportiva con el desarrollo de la disciplina, la paciencia, la fuerza de voluntad, la superación de desafíos, la creatividad y la responsabilidad. Teniendo en cuenta estas enseñanzas bíblicas, considera la posibilidad de reflexionar sobre tu vida y mejorar tus hábitos deportivos. Responsabilízate de tu salud (Gl 6.5) y evita dar excusas (Ec 11.4).

Muchas veces asociamos el ejercicio con algo que sea un castigo y desagradable, así que lo evitamos o lo posponemos hasta que podamos hacer «algo oficial», como ir a un gimnasio debidamente equipado. Para ejercitar el cuerpo *no hace falta* un equipo caro ni cruzar la ciudad para ir a un gimnasio. Sin duda es beneficioso ir al gimnasio, pero también puedes hacer estiramientos, trabajar en el jardín o barrer hojas. Caminar es una de las formas universalmente conocidas para mantenerse sano y en forma, y es una actividad gratuita y eficaz. Es emocionante saber que tenemos tantas opciones y formas interesantes de mover el cuerpo y hacer ejercicio. No importa cómo elijamos movernos, siempre y cuando lo hagamos. Encuentra a alguien que haga ejercicio contigo. Un compañero puede animarte a perseverar en la rutina (Ec 4.9-10). Y recuerda que el Señor mismo está siempre de tu lado (Mt 28.20).

En tercer lugar, es necesario *velar por el cuerpo*. No es sabio envenenar el cuerpo con vicios ni ignorar los recursos de la medicina. Muchas veces sufrimos enfermedades físicas e insistimos en continuar con nuestras actividades. Ante las enfermedades, podemos orar con fe (Stg 5.14-15), porque Dios es poderoso para curar y restablecer la salud humana (Sal 41.3). Pero, como enfatizamos en la introducción de este libro, la oración por sanidad no anula la importancia de la ayuda de los médicos y profesionales de la salud, en caso de ser necesaria. La propia Iglesia cristiana ayudó decisivamente al desarrollo de la medicina moderna, creando instituciones hospitalarias y facultades de medicina, y estableciendo valores y prácticas orientados al cuidado de la salud humana integral.

Ante esto, es sabio realizar un chequeo médico regularmente. Así como Dios, en su misericordia, nos proporciona recursos para usarlos sabiamente, tiempo para emplearlo con organización, relaciones para desarrollarlas con amor, talentos para multiplicarlos, él también nos da un cuerpo para administrarlo bien. Los exámenes médicos regulares pueden ayudar a revelar posibles problemas de salud antes de que empeoren. La detección temprana nos da la oportunidad de recibir tratamientos y evitar complicaciones, aumentando las posibilidades de sanación. Al monitorear de cerca el estado físico, reducimos costos y sufrimientos innecesarios con la salud y aumentamos la calidad y la expectativa de vida. Muchas veces una persona puede estar especulando mil cosas sobre su salud, sintiéndose triste y sin ánimo. Un simple chequeo físico puede revelar un déficit nutricional fácil de ser solucionado.

Infelizmente, muchas personas viven en situaciones extremadamente precarias, sin saneamiento básico, sin acceso a alimentos adecuados, medicamentos y tratamientos médicos. Este hecho debería ser un estímulo decisivo para que los cristianos de todo el mundo que son capaces de cuidar adecuadamente de su propio cuerpo estén atentos, movilizados y preparados para ayudar a los necesitados. Cuando cuidamos nuestro cuerpo, podemos estar «siempre dispuestos a hacer lo que es bueno» (Tit 3.1). Jesús «dio su vida para liberarnos de toda clase de pecado, para limpiarnos y para hacernos su pueblo, totalmente comprometidos a hacer buenas acciones» (Tit 2.14). No cabe duda de que una vida dedicada a servir a las personas será más fructífera con un cuerpo sano. Usamos los brazos para levantar a los caídos, las manos para cargar provisiones, las piernas para viajar a los lugares donde la gente necesita ayuda. Es un privilegio de los cristianos buscar la purificación de todo lo que contamina el cuerpo o el espíritu (2Co 7.1). Que podamos, de hecho, entregarle nuestros cuerpos a Dios como un sacrificio vivo y santo (Ro 12.1).

6

Mantén la higiene mental

Pensar enloquece. Piensa en eso.

ANÓNIMO

antener la higiene mental es fundamental para la santidad y la sanidad. En Filipenses 4.8 somos instruidos a concentrarnos en «todo lo que es verdadero, todo lo honorable, todo lo justo, todo lo puro, todo lo bello y todo lo admirable» y a pensar en «cosas excelentes y dignas de alabanza». Este texto bíblico implica que tenemos el poder de gobernar nuestros pensamientos y que, por tanto, somos responsables de ellos. En otras palabras, podemos y debemos ejercer un estricto control sobre esta área de la vida que muchos nunca consideran controlar.

Nuestra mente no es una letrina. No albergues basura y desperdicios dentro de tu cabeza. Tenemos la posibilidad de decidir qué permitimos que permanezca en nuestros pensamientos y qué debemos dejar fuera. Quien no controla su propio espíritu es comparable a una ciudad destruida y sin murallas, donde cualquiera puede entrar y cualquiera puede salir (Pr 25.28). Si nuestros pensamientos fueran ordenados, también lo sería nuestra vida exterior. Los pensamientos moldean nuestras acciones. Tarde o temprano, lo que ha sido una corriente de pensamientos en la vida de una persona aparecerá y se manifestará, haciéndose visible en sus acciones. Al igual que el relámpago anuncia el estruendo del trueno, los pensamientos cultivados frecuentemente anuncian acciones en el mundo exterior.

No es casualidad que el apóstol Pablo continúe su argumentación a los filipenses diciendo: «No dejen de poner en práctica todo lo que aprendieron» (Flp 4.9). La práctica viene después de los pensamientos. Cuando caminamos por una gran vía, como la Avenida Paulista de São Paulo,[1] nos impresiona la imponencia y la solidez de las edificaciones. Es interesante pensar que todos esos edificios empezaron siendo meros pensamientos e ideas.

En este capítulo, por lo tanto, *pensaremos sobre cómo pensamos*. Nos centraremos específicamente en las siguientes actitudes enseñadas en las Escrituras: eliminar los pensamientos depresivos, cultivar los pensamientos virtuosos y reeducar la memoria.

Pensar es como ordenar una casa. En primer lugar, debemos *eliminar los pensamientos negativos repetitivos*. Al igual que el polvo, los pensamientos tristes vienen de todas partes: frustraciones profesionales, ofensas gratuitas, pérdidas financieras, injusticias, desesperación ante el cambio de comportamiento de alguien a quien amamos, resentimientos de todo tipo, episodios de desánimo ministerial, la pérdida de un ser amado, la insatisfacción con nuestro propio desempeño profesional.

Los sinsabores en esta vida son comunes. Lo que no es común es alimentar los pensamientos amargos. Este hábito, también llamado rumiación depresiva, causa todo tipo de problemas en la salud mental. La persona no deja de pensar y repensar cíclicamente en las cosas que le han salido mal, lo que dificulta desconectar y relajar la mente. El pensamiento se centra únicamente en los fracasos y los errores, y no en las formas de mejorar las cosas. La rumiación negativa proyecta los problemas hacia el futuro, dibujando un horizonte distorsionado. Los pensamientos excesivos sobrecargan la mente, dificultando incluso las decisiones cotidianas más sencillas, como elegir el atuendo que nos vamos a poner. La persona pierde la capacidad de hacer cosas sencillas porque se pierde en sí misma. El salmista amargado decía: «Tengo el corazón angustiado, marchito como la hierba, y perdí el apetito» (Sal 102.4).

Por eso es necesario tener cuidado. Cuando te aferras a los pensamientos tristes, puedes sacar las peores conclusiones posibles de tus emociones y no de los hechos.

Los pensamientos pesados tienen la capacidad de «hundirnos». Obsérvese que es precisamente la noción de pesadez la que moldea el término «depresión», que procede del latín *deprimire*, es decir, «presionar, deprimir». El significado literal del término depresión está estrechamente ligado a la acepción psicológica del término que se popularizó en el siglo 19,[2] es decir, un sentimiento de pesadez interior, un estado de tristeza, un abatimiento del estado de ánimo. De hecho, el agotamiento y la tristeza repercuten en nuestro semblante y nuestra postura: no tenemos energía para mantenernos de pie, nos pesan los párpados, se nos caen los hombros, se nos inclina la cabeza y se nos dobla la espalda.

Los momentos de tristeza son inevitables en nuestro peregrinaje por esta tierra. Tal como estudiamos en el capítulo 1, hay un tiempo para lamentarse y para llorar. Sin embargo, otra cosa muy distinta es cultivar la amargura en el alma. Las Escrituras condenan explícitamente ese comportamiento: «Tengan cuidado de que no brote ninguna raíz venenosa de amargura, la cual los trastorne a ustedes y envenene a muchos» (Heb 12.15). Los malos pensamientos quieren echar raíces en nuestro espíritu como una planta venenosa. No solo crecen y afectan a la persona, sino también a aquellos con quienes convive. Así que no riegues los pensamientos amargos. Es una tontería tomar en serio aquello a lo que deberíamos dar la espalda. Muchas cosas genuinamente importantes pierden su valor en nuestro corazón cuando las despreciamos, mientras que otras, sin importancia alguna, aumentan porque les prestamos atención. Por eso se nos instruye:

AL IGUAL QUE EL RELÁMPAGO ANUNCIA EL ESTRUENDO DEL TRUENO, LOS PENSAMIENTOS CULTIVADOS FRECUENTEMENTE ANUNCIAN ACCIONES EN EL MUNDO EXTERIOR.

«Líbrense de toda amargura, furia, enojo, palabras ásperas, calumnias y toda clase de mala conducta» (Ef 4.31).

¿Cómo eliminar los pensamientos amargos? El primer paso es identificar el origen de los malos pensamientos. Está escrito: «Cada corazón conoce su propia amargura» (Pr 14.10). De ahí la importancia de desarrollar el hábito del autoexamen, como vimos en el capítulo 4. Pídele ayuda a Dios para identificar el origen de tus frustraciones y pensamientos negativos. ¿Cómo empezaron? ¿Qué los desencadenó? ¿Cuál fue la circunstancia? Si es necesario, escribe tus preocupaciones. Conozco a un hombre que tiene un hábito interesante: cuando se preocupa por la noche, simplemente toma papel y lápiz y escribe sus preocupaciones. Después, ora entregándole la situación a Dios, pone el papel junto a la lámpara y duerme tranquilo. Este hombre dijo: «Cuando transcribo el problema al papel, siento que la preocupación se me va de la cabeza. No puedo hacer nada para resolverlo antes de irme a dormir. Así que lo dejo a un lado y me voy a dormir. Al día siguiente, en el momento oportuno, volveré a enfrentarme a aquel problema». Jesús mismo les enseñó a sus discípulos a limitar sus preocupaciones: «Los problemas del día de hoy son suficientes por hoy» (Mt 6.34).

Cuando te vengan pensamientos amargos, elimínalos inmediatamente. No caigas en la trampa de reprocesarlos. No te quedes a solas con ellos. Lee un libro, sal a dar un paseo, llama a un amigo, ponte a ver una película, visita a alguien. Si trabajas en espacios cerrados y sufres pensamientos negativos, intenta dejar entrar la mayor cantidad de luz natural posible. Abre las ventanas y las cortinas, intenta traer el mundo exterior adentro. No vivas aislado. Siembra plantas cerca de donde estés. Disfruta de la puesta de sol. Camina al aire libre y realiza actividades que impliquen varios sentidos. Elimina los vicios de tu vida: sustancias como las drogas y el alcohol pueden contribuir a perpetuar los sentimientos de tristeza. Desarrolla nuevas habilidades. Haz algo completamente nuevo, algo que literalmente nunca hayas hecho, como practicar un deporte diferente, aprender técnicas de cocina, viajar y explorar nuevos destinos, o simplemente pasear por una zona de tu barrio en la que nunca hayas estado.

La falta de estímulos nuevos — ver las mismas paredes, las mismas personas, las mismas noticias una y otra vez — puede ser un terreno abonado para los pensamientos repetitivos, sobre todo si ya eres propenso a ellos. Cuando haces exactamente las mismas cosas todos los días, utilizas las mismas partes de tu cerebro. Empezar nuevas actividades puede aportarte el placer emocional de la recompensa y mejorar tu estado mental y tu bienestar.

En segundo lugar, *cultiva pensamientos virtuosos*. Como dijo John Stott: «Si queremos vivir correctamente, debemos pensar correctamente».[3] Es necesario que recuperemos nuestro territorio mental. Frente a los abrumadores retos del día a día, la mente necesita espacio para reorganizarse, y esto no ocurre de manera espontánea. No basta con quedarse sentado frente al televisor y pensar que los pensamientos saldrán reordenados y virtuosos. Es necesario un esfuerzo consciente para llenar el espacio mental con pensamientos restauradores.

Esta reconfiguración mental también es espiritual, según Romanos 8.6: «Por lo tanto, permitir que la naturaleza pecaminosa les controle la mente lleva a la muerte. Pero permitir que el Espíritu les controle la mente lleva a la vida y a la paz». Sin una transformación de la mente, los pensamientos serán atraídos por lo que no es bueno, así como las moscas son atraídas por un trozo de carne podrida. Basándose en este principio bíblico, la doctora Saundra Dalton-Smith habla de la importancia de crear un «santuario mental», es decir, un lugar sagrado para que la mente descanse. Dalton-Smith dice, por ejemplo, que una forma de crear un santuario mental es elegir un atributo de Dios y reflexionar sobre él durante el día: «Deja que cada atributo divino sea el lugar mental al que regreses a lo largo del día»[4]. Puedes reflexionar sobre el amor de Dios, su bondad, su fidelidad, su misericordia, y así sucesivamente. El rey David tenía este hábito: «Recostado, me quedo despierto pensando y meditando en ti durante la noche» (Sal 63.6).

Como hemos visto, el apóstol Pablo insistió en este punto en Filipenses 4.8, indicando cuáles deben ser las fibras de nuestros pensamientos:

- Debemos pensar en todo lo que es *verdadero*, no en mentiras y sofismas perniciosos. El corazón humano es engañoso (Jer 17.9), y el diablo es el padre de la mentira (Jn 8.44). Cuando algo sale mal somos tentados a pensar lo peor, pero debemos centrarnos en aquello que es verdadero. Pregúntate: ¿Este pensamiento es verdadero? ¿Está en consonancia con la Palabra de Dios?

- Debemos pensar en todo lo que es *noble*, no en lo que es deshonroso y estúpido. Muchas personas se enferman emocionalmente porque llenan sus mentes con chismes, tonterías y calumnias contra otras personas. Pregúntate: ¿Este pensamiento es honesto? ¿Su intención es genuina y honrada?

- Debemos pensar en todo lo que es *correcto*, no en injusticias. Podemos preguntarnos: ¿Este pensamiento es correcto a la luz de la Palabra de Dios? ¿Es justo e inocente?

- Debemos pensar en todo lo que es *puro*, y no en lo que está contaminado y que es sucio desde el punto de vista moral. Guarda la Palabra de Dios en tu corazón y úsala como protección contra los pensamientos impuros (Sal 119.11). Pregúntate: ¿Este pensamiento es puro y limpio?

SIN UNA TRANSFORMACIÓN DE LA MENTE, LOS PENSAMIENTOS SERÁN ATRAÍDOS POR LO QUE NO ES BUENO, ASÍ COMO LAS MOSCAS SON ATRAÍDAS POR UN TROZO DE CARNE PODRIDA.

- Debemos pensar en todo lo que es *amable y admirable*, y no en lo que es despreciable y repugnante. A muchas personas no les gustaría que sus pensamientos fueran expuestos en una pantalla pública. Sin embargo, Dios está constantemente al tanto de lo que pensamos. Pregúntate: ¿Este pensamiento es agradable a Dios?
- Debemos pensar en todo lo que es *excelente y digno de alabanza*. Pregúntate: ¿Hay alguna virtud en este pensamiento? ¿Nos lleva a alabar a Dios?

En tercer lugar, para mantener la higiene de la mente, es necesario *educar la memoria*. Lamentablemente, la memoria humana es traicionera: falla cuando más la necesitamos y funciona cuando no debería. En su libro *O futuro da nostalgia* (El futuro de la nostalgia), la teórica cultural Svetlava Boym afirma que la nostalgia no siempre tiene que ver con el pasado, ya que puede ser tanto retrospectiva (mirando hacia atrás) como prospectiva (mirando hacia delante). Muchas veces, las fantasías del pasado determinadas por las necesidades del presente tienen un impacto directo en las realidades futuras.[5] En cualquier caso, existe una distorsión de la realidad en la mente de la persona. Es importante educar la memoria, porque la memoria nos puede traer el cielo o el infierno. Pablo dijo explícitamente: «Me concentro únicamente en esto: olvido el pasado y fijo la mirada en lo que tengo por delante, y así avanzo hasta llegar al final de la carrera» (Flp 3.13-14). No debemos escarbar en la basura del pasado. Nadie progresa espiritualmente mirando hacia atrás. En el camino de la vida, el pasado es la vía equivocada. Por eso Pablo insiste en vivir hacia delante, hacia la meta: Cristo.

La Biblia enseña que el pasado debe ser fuente de sabiduría, no de tormento. Solo debemos traer a la memoria aquello que nos traiga esperanza (Lam 3.21). Recuerdo una ocasión, cuando tenía ocho años, en que me sentí muy triste. No recuerdo el motivo de mi tristeza, pero sí las palabras de mi madre para consolarme. Me dijo: «Hijo, no estés triste. Te amo mucho. El día que naciste, ¡fui tan feliz!». Me lo dijo con tanta fuerza y profundidad que mi tristeza desapareció al instante. El día que nací, mi madre se puso muy feliz. De alguna manera, saber que mi madre era feliz porque yo había nacido me reconfortó. Hasta el día de hoy guardo ese pensamiento conmigo. Es una de las alegrías que traigo a la memoria para tener esperanza.

Por lo tanto, recordemos las experiencias felices, los buenos recuerdos. La vida nos da lecciones con regularidad. Debemos prestar atención a lo que Dios quiere enseñarnos. No puedes cambiar el pasado, pero Dios puede cambiar la forma en la que el pasado te afecta.

7

Celebra, ora y agradece

En uno de los pasajes psicológicamente más poderosos de la Biblia, Pablo les dice a los cristianos tesalonicenses: «Estén siempre alegres, oren sin cesar, den gracias a Dios en toda situación, porque esta es su voluntad para ustedes en Cristo Jesús» (1Tes 5.16-18, NVI). Se mencionan tres actitudes en la vida cristiana que lo impregnan todo: alegrarse, orar y dar gracias.

El texto de Pablo es asertivo: debemos practicar estas acciones continuamente, sin excepción. No solo en los momentos agradables, sino en todos los momentos. Y no se trata de orar o expresar gratitud como meros actos formales, sino de desarrollar un espíritu agradecido que confía en Dios. Tampoco se trata de resignación estoica, sino de alabanza cristiana. En otras palabras, no podemos controlar todas las circunstancias, pero podemos responder a ellas ejerciendo la fe en Dios y reconociendo su soberanía en cada detalle de nuestra vida. Podemos ser agradecidos en todas las circunstancias, porque todo obra para el bien de aquellos que aman a Dios. No importa la tribulación, esta va invariablemente acompañada de la misericordia divina. Las circunstancias cambian, pero Dios no.

En primer lugar, tenemos que *alegrarnos*. Para vivir en integridad emocional y espiritual, necesitamos aprender a valorar los momentos de alegría. El pastor Elben César dijo: «La alegría no es solo una opción de vida. Es una orden de Dios a su pueblo».[2] La Biblia enseña que hay tiempo para llorar, pero también

EL CRISTIANO NO
DICE SIMPLEMENTE
«AMÉN»
A LAS SITUACIONES
DE LA VIDA,
SINO «ALELUYA»
A DIOS
A PESAR DE LAS
CIRCUNSTANCIAS.

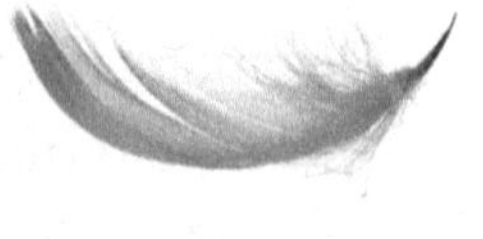

hay tiempo para reír, celebrar y festejar. La escritora y profesora de teología Beatrice Marovich ha examinado la fascinación que los animales tiernos ejercen sobre las personas. Muchas veces, cuando una mascota hace algo «tierno», los seres humanos dejan lo que están haciendo para simplemente mirar, apreciar y reírse.[3] De hecho, la ternura no es un lujo, sino una necesidad humana.

Jesús les enseñó a sus discípulos a vivir con un espíritu desarmado, a andar satisfechos, sin ser una carga para nadie. La alegría cristiana tiene una dimensión espiritual evidente, porque es una alegría dada por el mismo Señor Jesús a través de su Palabra: «Les he dicho estas cosas para que se llenen de mi gozo; así es, desbordarán de gozo» (Jn 15.11). Esta alegría que viene de Cristo mismo es superlativa, pues se refiere a una «alegría gloriosa e indescriptible» (1P 1.8) que se desarrolla en nosotros por la acción del Espíritu Santo (Gl 5.22).

Así que tómate en serio la alegría. Rodéate de personas felices. La alegría genera más alegría. La sabiduría de los Proverbios nos enseña: «No te hagas amigo de gente violenta ni te juntes con los iracundos; no sea que aprendas sus malas costumbres y tú mismo caigas en la trampa» (Pr 22.24-25, NVI). Ríete de ti mismo y no te tomes demasiado en serio. Saber reírse de uno mismo es esencial para liberarse de formas de vida inadecuadas. El escritor Amos Oz, en su famoso ensayo *Contra el fanatismo*, afirma que la capacidad de llevar la vida con un mayor sentido del humor es una marca de las personas que promueven la paz. Por otro lado, los fanáticos son incapaces de reírse de sí mismos. En palabras de Oz: «El humor es la capacidad de verte a ti mismo como te ven los demás, el humor es la capacidad de darse cuenta de que no importa lo recto que seas, y lo terriblemente equivocadas que estén las personas con respecto a ti, hay un cierto aspecto de la vida que siempre tiene algo de gracioso».[4]

EL SENTIDO DEL
HUMOR AYUDA A
LAS PERSONAS A
COMPRENDER SUS
PROPIOS LÍMITES
Y A SER MENOS
CRÍTICAS CONSIGO
MISMAS, Y ABRE
LAS PUERTAS A UNA
VIDA MÁS LIGERA E
INTELIGENTE.

El sentido del humor ayuda a las personas a comprender sus propios límites y a ser menos críticas consigo mismas, y abre las puertas a una vida más ligera e inteligente. Por ejemplo, en una sociedad exhibicionista, la escritora Camila Fremder, que se considera hogareña y antisocial, ha desarrollado una forma humorística de conectarse con otras personas antisociales. Ella creó la Associação dos Sem Carisma (Asociación de los Sin Carisma), una comunidad virtual que superó las 20.000 personas en sus primeros años. No cabe duda de que el buen humor es poderoso para la salud mental y las relaciones.

Celebrar la vida es una bendición. Para los que temen a Dios, la vida es un regalo, un don. De hecho, «todo lo que es bueno y perfecto es un regalo que desciende a nosotros de parte de Dios nuestro Padre, quien creó todas las luces de los cielos» (Stg 1.17). Todo lo bueno que recibimos viene de Dios. La vida puede ser precaria, pero es preciosa. «Así que», dice el autor de Eclesiastés, «come tus alimentos con alegría y bebe tu vino con un corazón contento, ¡porque Dios lo aprueba! ¡Vístete con ropa elegante y échate un poco de perfume! Vive feliz junto a la mujer que amas» (Ec 9.7-9). La Biblia habla del legítimo placer de estar vivo. En este pasaje, en especial, vemos cómo el tacto, el olfato, el gusto, la vista y la audición de los humanos se movilizan para disfrutar de la vida dada por Dios. El texto dice que «Dios lo aprueba», proclamando la liberación de los infelices. El contexto inmediato es muy interesante, porque Eclesiastés aborda las perplejidades de la vida. En otras palabras, las luchas de la vida no deben insensibilizarnos hasta el punto de que perdamos la alegría.

En el Nuevo Testamento, Pablo dice que aprendió el secreto de vivir contento y satisfecho en cualquier situación: teniendo mucho o poco, viviendo en la abundancia o en la escasez (Flp 4.11-13). Él enfatiza que este contentamiento fue aprendido, es decir, no surgió automáticamente, espontáneamente. Pablo mantuvo su corazón abierto y enseñable para poder sacar lecciones de sus experiencias vitales, tanto buenas como malas. Vivir es la única forma de madurar. En su trayectoria, Pablo descubrió que el contentamiento estaba en Cristo, no en su ciudadanía romana, ni en la educación religiosa que había recibido, ni en su trabajo como fabricante de tiendas. El poder transformador está en Jesús.

Un día un hombre triste dijo: «Me retuerzo atormentado por el dolor; todo el día estoy lleno de profunda tristeza» (Sal 38.6). Pero en Cristo, nuestra vida no debe ser un lamento crónico. Recuerda que el cristiano, aunque abatido, no está destruido (2Co 4.9). Las Escrituras enseñan varias veces que los hijos de Dios deben andar con la cabeza bien alta, y podemos destacar tres razones:

- Porque Dios nos liberó en el pasado: «Yo soy el Señor su Dios que los saqué de Egipto para que dejaran de ser esclavos. Yo rompí las varas de su yugo y los hice caminar con la cabeza erguida» (Lv 26.13, NVI).
- Porque Dios nos protege en el presente: «Pero tú, Señor, eres el escudo que me protege; tú eres mi gloria; tú mantienes en alto mi cabeza» (Sal 3.3, NVI)
- Porque Dios nos salvará por completo en el futuro: «Cuando comiencen a suceder estas cosas, cobren ánimo y levanten la cabeza, porque se acerca su redención» (Lc 21.28, NVI).

El Salmo 150 nos invita a alabar a Dios con música y alegría: «Alábenlo con sonido de trompeta, alábenlo con la lira y el arpa. Alábenlo con panderos y danzas, alábenlo con cuerdas y flautas. Alábenlo con címbalos sonoros, alábenlo con címbalos resonantes» (Sal 150.3-5). El biblista Derek Kidner ha hecho una interesante observación sobre estos instrumentos musicales, afirmando que aquí se contemplan diversos aspectos de la vida de Israel: la trompeta se utilizaba en las grandes reuniones nacionales y sagradas (Lv 25.9); los panderos y las danzas eran habituales en las celebraciones de conquistas (Sal 81.2; 149.3); las flautas eran los instrumentos de la vida cotidiana (Gn 4.21; Jn 21.12; Job 30.31).[5] En otras palabras, estos instrumentos también apuntan a diferentes momentos de la vida: asambleas solemnes, momentos triviales, conquistas, derrotas. Así es como debemos adorar a Dios: en todo momento, con toda nuestra firmeza.

Muchas veces somos resueltos con lo que es insignificante. Llevamos nuestros gustos y opiniones personales hasta las últimas consecuencias. Actuamos de manera intransigente con nuestras visiones políticas, culturales y deportivas, e incluso en nuestros caprichos. Y muchas veces no honramos a Dios de esta manera. Perdemos oportunidades de adorar a nuestro amado Jesús con nuestra resistencia, nuestro empuje, nuestra perseverancia. Nos rendimos fácilmente, murmuramos instantáneamente, maldecimos en lugar de adorar. Jesús enseñó que incluso en medio de las persecuciones injustas podemos alegrarnos: «¡Alégrense! ¡Estén contentos, porque les espera una gran recompensa en el cielo!» (Mt 5.12).

En segundo lugar, necesitamos *orar continuamente*. La oración continua evita el agotamiento espiritual porque mantiene el alma caliente por la gracia de Dios. La Biblia nos anima a sustituir la ansiedad por la oración: «No se preocupen por nada; en cambio, oren por todo. Díganle a Dios lo que necesitan y denle gracias por todo lo que él ha hecho» (Flp 4.6). Las ansiedades del alma y las inestabilidades del mundo deben suscitar en nosotros un mayor deseo de Dios. Vimos en el capítulo 3 que Jesús mantuvo una vida de oración frecuente. Él oraba en el silencio de la noche, en las montañas, en los desiertos, en los momentos difíciles. Los Evangelios registran que Jesús oró en la víspera de su crucifixión. De este modo, aprendemos la importancia de pasar por los momentos dramáticos y dolorosos de la vida en oración ante Dios. La oración sienta las bases de la paz en nuestro corazón.

Muchas veces, la paz es rara en la vida de una persona que no aprende a encontrarse con Dios en oración, en su propia alma.

En nuestras oraciones también podemos interceder más por otras personas, es decir, poner ante Dios las peticiones de oración de los demás. El experimentado y piadoso misionero Wesley L. Duewel nos anima a elaborar listas de oración e intercesión. Él enseñó las siguientes lecciones prácticas:

- *Anota tus listas de oración en un pequeño cuaderno.* Este cuaderno puede servirte como diario de oración y te ayudará en tu tiempo diario a solas con Dios.

- *Utiliza una lista portátil.* Una lista portátil puede guardarse en el bolsillo del pantalón o en un teléfono celular. Aprovecha los momentos libres durante el día para meditar en espíritu de oración utilizando los nombres y los elementos de la lista.

- *Distribuye listas de oraciones por la casa.* Pon una lista corta en el fregadero de la cocina, donde puedas leerla mientras lavas los platos, en el espejo del baño para interceder mientras te afeitas, y así sucesivamente.

- *Utiliza los incidentes del día como una lista de oración no escrita.* Cuando pases por delante de un colegio, intercede por los alumnos. Cuando esperes en la fila de un banco, intercede por los trabajadores del lugar. Y así sucesivamente. Ora por las personas que te llaman. Ora por las noticias de los periódicos. Ora por las personas con las que te cruzas a lo largo del día. No visites a Dios de vez en cuando, habita en él a través de la oración.[6]

En tercer lugar, debemos *dar gracias en toda circunstancia*. El Nuevo Testamento asocia la ingratitud con la esencia de la idolatría en la antigüedad (Ro 1.21) y con las marcas de la apostasía en los últimos días (2Tim 3.1-2). A las personas ingratas les cuesta reconocer que se les ha dado la vida, convirtiéndose en personas malhumoradas, murmuradoras y arrogantes. Por el contrario, la gratitud es una característica distintiva de las personas que han sido alcanzadas por la gracia salvadora de Jesucristo. Las personas agradecidas reconocen la vida como una bendición de Dios, un don recibido. La perspectiva se invierte por completo. De este modo, aprendemos que la gratitud lo cambia todo. Quien se queja continuamente de la vida no sólo arruina su propia felicidad, sino también la de los demás. Por eso está escrito: «Hagan todo sin quejarse y sin discutir» (Flp 2.14). La gratitud nos aporta una nueva forma de vivir: de dentro hacia fuera. Lo que ocurre fuera no tiene el control final sobre nuestras vidas. Solo Jesús es Señor de nuestro corazón.

El apóstol Pablo es un ejemplo de una persona que pasó por esta experiencia regeneradora. Antes de ser transformado por Jesús, se creía justo, estaba lleno de sí mismo y se sentía con derecho a perseguir y destruir a cualquiera que pensara de forma diferente. Era tan agresivo que «pronunciaba amenazas en cada palabra y estaba ansioso por matar a los seguidores del Señor» (Hch 9.1). Sin embargo, después de ser transformado, Pablo se consideraba a sí mismo el peor de los pecadores (1Tim 1.15), y llegó a decir «todo lo considero pérdida por razón del incomparable valor de conocer a Cristo Jesús» (Flp 3.8, NVI). Si antes respiraba violencia, ahora respira gratitud. La transformación de Pablo es notable: menciona su corazón agradecido varias veces en el cuerpo de sus epístolas (Ro 1.8; 1Co 1.4; Ef 1.16; Flp 1.3; Col 1.3; Flp 1.4).

La obra de la regeneración en la vida de los cristianos abre la posibilidad de una nueva actitud ante la existencia, una actitud agradecida. De hecho, todo en la vida cristiana es por gracia, de principio a fin. Como dijo Thomas Brooks: «La gracia transforma a los leones en corderos, a los lobos en ovejas, a los monstruos en hombres y a los hombres en ángeles».

8

No comentes todas las noticias del mundo

En el futuro, el hombre hablará con las paredes.

Y, lo que es peor, ellas le entenderán.

JEAN-PAUL JACOB[1]

En los umbrales del siglo 21, el internet conectó a las personas de una manera sin precedentes. A pesar de sus innegables beneficios, esta hiperconexión humana ha traído consigo desafíos y perjuicios. En este capítulo abordaremos un desafío intenso: la sobrecarga cognitiva.

Vivimos en un mundo de personas confundidas, aceleradas, ansiosas y ávidas de las últimas noticias. Se habla del «agotamiento de las contraseñas» y del «caos de identidad» causados por el gran número creciente de dispositivos, aplicaciones y perfiles en línea que tenemos que administrar. Sin embargo, aunque los artilugios tecnológicos sean una novedad, el afán por estar conectados no es precisamente nuevo. La Biblia ofrece repetidas orientaciones para una actitud sabia y sobria ante la abundancia de noticias. En Eclesiastés, por ejemplo, encontramos la amonestación: «No escuches conversaciones ajenas a escondidas: podrías escuchar que tu siervo te maldice. Pues sabes bien de las veces que tú mismo maldijiste a otros» (Ec 7.21-22). En otras palabras, las Escrituras enseñan que es inteligente dedicarte a vivir tu propia vida, ocupar tu tiempo en actividades nobles y evitar los chismes y las murmuraciones. Crear perfiles digitales y avatares falsos con el propósito de «husmear» en la vida de los demás no es prudente. Además de la irreparable pérdida de tiempo, el chismoso es vulnerable a todo tipo de información inútil y perjudicial.

El afán por hablar de todos los temas y noticias también es necio, como advierten las Escrituras: «Cuida tu lengua y mantén la boca cerrada, y no te meterás en problemas» (Pr 21.23). La esfera política, en particular, se ha caracterizado por una charla digital incesante. Es interesante observar que, ya en el año 1984, Norberto Bobbio, profesor de teoría jurídica y política, reflexionaba sobre la posibilidad de que la informática alterase la estructura de las sociedades democráticas representativas. En aquella época, lo denominó la «hipótesis de la futura computador-cracia», que consistiría en la posibilidad de que los ciudadanos ejercieran la democracia directa a través del voto informatizado. La pregunta que se planteaba era: ¿podría el avance de la tecnología crear una «democracia informatizada» en la que las personas ya no necesitarían representantes políticos? Bobbio consideró que este escenario era inviable porque, a juzgar por las leyes promulgadas cada año, los ciudadanos tendrían que ejercer su voto al menos una vez al día. Además, según Bobbio, una participación excesiva podría tener como efecto la saturación de la política y el aumento de la apatía electoral.[2] En otras palabras, el profesor se oponía al «ciudadano total», término despectivo propuesto por Ralf Dahrendorf para describir al individuo saturado de militancia política, incapaz de hacer otra cosa en la vida.[3]

Hoy en día, las redes sociales, los teléfonos inteligentes y las conexiones Wi-Fi forman parte concreta de la vida cotidiana de billones de personas en todo el mundo. Del mismo modo, la participación política a través de medios digitales es ya una realidad. Puede que no podamos votar directamente en todo, pero podemos opinar sobre todo. La acción política ya está ocurriendo de muchas formas nuevas: parlamentarios que utilizan aplicaciones para consultar a sus electores en tiempo real; jefes de Estado que intercambian insultos en las redes sociales; milicias digitales robotizadas que aniquilan reputaciones políticas, y así sucesivamente. De este modo, los efectos de las nuevas tecnologías se entremezclan con el sentido común: hay avances, como las nuevas posibilidades de fiscalización y transparencia de los actos del poder, pero también hay retrocesos, como la espectacularización de los discursos sensacionalistas.

El surgimiento de los nuevos medios de comunicación estableció una lógica a corto plazo, vulgar y banal, dando la falsa impresión de que es posible resolver cuestiones políticas complejas sin directrices institucionales, con meras frases pegajosas. De hecho, en nuestra sociedad del espectáculo hay una enorme cantidad de quienes aspiran a ofrecer sorpresas diarias con polémicas, escándalos, falsos dilemas, todo ello en busca de la atención de los demás. Especialmente en el ámbito político, el voluntarismo sin contrapesos institucionales acarrea consecuencias desastrosas, como revelan sobre todo las experiencias totalitarias del siglo pasado. El saneamiento de la sociedad empieza por percatarse de la realidad y enfrentarse a ella, no por la alienación y la improvisación.

Numerosos estudios demuestran los efectos devastadores de la palabrería en los medios digitales para la salud mental.[4] El apóstol Pablo subrayó que ciertos excesos al hablar también son perjudiciales para la vida espiritual. Es interesante observar que el apóstol abre y cierra su primera carta a Timoteo con instrucciones sobre no entrar en discusiones estúpidas: «Te rogué (...) que frenaras a esas personas cuyas enseñanzas son contrarias a la verdad. No dejes que pierdan el tiempo en debates interminables sobre mitos y linajes espirituales. Esto solo conduce a especulaciones sin sentido alguno, que no ayudan a que la gente lleve una vida de fe en Dios» (1Tim 1.3-4); «Evita las discusiones mundanas y necias con los que se oponen a ti, con su así llamado conocimiento. Algunos se han desviado de la fe por seguir semejantes tonterías» (1Tim 6.20-21). Pablo fue intransigente en este punto.

«CIUDADANO TOTAL» ES EL TÉRMINO DESPECTIVO PROPUESTO POR RALF DAHRENDORF PARA DESCRIBIR AL INDIVIDUO SATURADO DE MILITANCIA POLÍTICA, INCAPAZ DE HACER OTRA COSA EN LA VIDA.

El cristiano no está bajo la ley, sino bajo la gracia (Rom 6.14).[5] Como personas libres en Cristo Jesús somos llamados a vivir con sabiduría, discernimiento, justicia y amor según el evangelio. En la práctica, esto plantea desafíos específicos. Al abordar estas cuestiones en su primera carta a los Corintios, el apóstol Pablo presenta algunos principios elementales. En nuestra participación en las redes sociales podemos hacernos algunas preguntas, en espíritu de oración ante Dios:

- ¿Esto me está esclavizando? «*Todo me está permitido", pero no todo es para mi bien. "Todo me está permitido", pero no dejaré que nada me domine*» (1Co 6.12, NVI). Una actitud sobria en las redes sociales incluye no dejarse esclavizar por estos medios ni por las opiniones de los demás. La adicción virtual es ya una característica de la juventud contemporánea, con su comportamiento ocioso y ansioso. En su estudio sobre el nihilismo de la juventud contemporánea, Umberto Galimberti observó el «culto a la sinceridad» que existe en las redes sociales, como si la exposición perenne de la intimidad y todas las opiniones propias sobre todos los temas fueran una prueba de sinceridad e inocencia.[6] Debajo de este barniz de «sinceridad» no hay más que alguien esclavizado a sí mismo y a las opiniones de los demás.

- ¿Esto edifica? «*Todo está permitido", pero no todo es provechoso. "Todo está permitido", pero no todo es constructivo*» (1Co 10.23, NVI). ¿Nuestras publicaciones son útiles de alguna manera? ¿O solo aumentamos las filas de los propagadores del pecado, de los propagadores del caos? Las Escrituras llaman a los cristianos «ministros de la reconciliación» y «colaboradores de Dios». No dejemos que se nos escape alguna publicación torpe. ¿Para qué sirve esta publicación? ¿Hay algún valor en esta publicación o simplemente aumentará la basura virtual y la sobrecarga de información superflua que hay en la web? La Biblia enseña que la respuesta amable calma la ira, pero la agresiva provoca el enojo. La lengua de los sabios adorna el conocimiento; la boca de los necios escupe necedades (Pr 15.1-4, NVI).

- ¿Esto exalta a Dios? *«En conclusión, ya sea que coman o beban o hagan cualquier otra cosa, háganlo todo para la gloria de Dios»* (1Co 10.31, NVI). ¿Cómo puede verse la gloria de Dios a través de esta publicación? ¿Mi motivación es glorificar a Dios o a mí mismo? En las redes sociales, caracterizadas por la legitimación de la *selfie*, el autorretrato, el post de uno mismo, existe la tentación narcisista obvia y evidente, la esencia del pecado: el orgullo, la jactancia de uno mismo, el alejamiento de Dios. Por encima de todo, el cristiano debe tener los ojos puestos en Cristo, autor y consumador de nuestra fe. Dios es quien escudriña y conoce los corazones.

- ¿Esto es un buen ejemplo? *«No hagan tropezar a nadie, ni a judíos, ni a los que no son judíos, ni a la iglesia de Dios. Hagan como yo, que procuro agradar a todos en todo. No busco mis propios intereses, sino los de los demás, para que sean salvos»* (1Co 10.32-33, NVI). ¿Cuál es el testimonio de este comportamiento ante las personas? ¿Estoy acercando o alejando a las personas de Dios?

Es importante que, en muchos casos, simplemente nos desconectemos de las redes. Las redes sociales pueden convertirse en gomas de mascar para los ojos. Demasiada estimulación externa obstruye los pensamientos y dificulta el bienestar emocional. Cuanto más conectados estemos, más inquietos podemos llegar a estar.

Por lo tanto, intenta establecer un horario todos los días en el que te desconectes por completo de la tecnología. Es importante tener espacios y momentos de «cero aparatos electrónicos»: sin Internet, sin videojuegos, sin televisión, sin correo electrónico, sin medios digitales. Tu vida no se acabará si «te pierdes» las publicaciones de los demás. No tienes por qué ser un esclavo de la tecnología. Evita responder instantáneamente a cada notificación de mensajes que recibas en tu teléfono. Evita el hábito morboso de «maratonear» series de televisión ininterrumpidamente. Una cosa es descansar en vacaciones viendo algo entretenido, y otra muy distinta es convertirse en un alienado en serie.[7] Lee buenos libros, relaciónate con personas que te den alegría, practica deportes, pasa más tiempo con Dios. La realidad virtual no sustituye a la realidad concreta de la vida en su conjunto ni a su dimensión comunitaria en la Iglesia. En la era digital no podemos dejar de usar nuestras propias manos: tocar, abrazar, llorar y reír unos con otros. La realidad del culto colectivo, del pan y el vino compartidos en el seno de una comunidad humana hecha de carne y hueso, no puede ser sustituida por las redes sociales. Jesús no se digitalizó, ni murió en píxeles. Se encarnó, vivió entre nosotros, murió en la cruz del Calvario y resucitó al tercer día.

9

Nutre la paciencia

Así como la paciencia se halla en Dios, así (la impaciencia), su enemiga, es concebida y nace de nuestro enemigo (el diablo).

TERTULIANO[1]

Paciencia es el nombre de una planta (*Rumex patientia*), el nombre de un juego de cartas y una virtud: soportar los sinsabores de la vida sin irritación continua ni ansiedad exagerada. La paciencia es tanto la tolerancia ante las faltas ajenas como la espera tranquila de que ocurra un acontecimiento que cambie las circunstancias incómodas. Por lo tanto, no hay que confundir la paciencia con el desistimiento o la mera resignación. De hecho, en español el término «paciente» también se aplica a un enfermo sometido a tratamiento médico, a la espera de la recuperación. Por lo tanto, la paciencia conlleva la idea de soportar el tratamiento y las circunstancias sin quejarse. El amor es paciente. Por eso está escrito: «(sean) pacientes, tolerantes unos con otros en amor» (Ef 4.2, NVI). En la Biblia, la paciencia es fortaleza. La impaciencia, por otro lado, solo causa confusión.

El escritor Franz Kafka dijo en un famoso aforismo:

Hay dos pecados humanos capitales de los cuales se derivan todos los demás: la impaciencia y la indolencia. Por la impaciencia los expulsaron del Paraíso, por indolencia no vuelven a él. Aunque en realidad quizá solo haya un pecado principal: la impaciencia. Por la impaciencia los expulsaron, por la impaciencia no vuelven.[2]

De hecho, la impaciencia y la irritabilidad constantes son extremadamente perjudiciales. Lamentablemente, hay personas

LA PACIENCIA ES FORTALEZA.

con la mecha corta, que explotan por nada, haciéndose daño a sí mismas y a los demás. Ante los problemas de la vida, muchas personas simplemente dejan que la ira se acumule en su interior. El salmista condena esta actitud diciendo: «¡Ya no sigas enojado! ¡Deja a un lado tu ira! No pierdas los estribos, que eso únicamente causa daño» (Sal 37.8).

Podemos nombrar, por lo menos, cuatro grandes perjuicios que la ira puede causarnos. En primer lugar, la ira abre la puerta para que hagamos tonterías: «Los que se enojan fácilmente cometen locuras, y los que maquinan maldad son odiados» (Pr 14.17). Las personas enfadadas suelen decir y hacer cosas que no deberían. La rabia le impide a la persona ver las situaciones con la claridad necesaria. El ímpetu de la ira es más destructivo que constructivo. Las personas irritables se queman por dentro y agotan la paciencia de los demás, causando heridas en todos.

En segundo lugar, la ira es un atajo hacia la violencia. Génesis afirma que «Caín se enfureció y andaba cabizbajo» y entonces «atacó a su hermano y lo asesinó» (Gn 4.5,8, NVI). El mayor porcentaje de personas condenadas por asesinato no tiene antecedentes penales. La ira es traicionera y, si no se contiene, puede conducir a todo tipo de agresividad. El Señor Jesús advirtió a sus discípulos: albergar ira en el corazón es ya una actitud homicida susceptible de juicio divino (Mt 5.21-22).

En tercer lugar, la ira da oportunidades al diablo. El apóstol Pablo fue tajante: «No pequen al dejar que el enojo los controle. No permitan que el sol se ponga mientras siguen enojados, porque el enojo da lugar al diablo» (Ef 4.26-27). En otras palabras, si no sabemos canalizar adecuadamente nuestros sentimientos de indignación, la tendencia es que acaben derrotándonos. El diablo se encarga de los iracundos. Un proverbio popular dice: «La ira comienza en la locura, y termina en el arrepentimiento».[3]

En cuarto lugar, «El enojo humano no produce la rectitud que Dios desea» (Stg 1.20). En otras palabras, perder la paciencia, aunque sea por poco tiempo, puede tener efectos devastadores. Hay personas que dicen que pierden la paciencia, pero recuperan el control un minuto después. El problema es que en apenas un minuto explotó la bomba atómica en Hiroshima, y mira el daño que causó. No es de extrañar que el desarrollo de un carácter estable, paciente y perseverante sea muy valorado en las Escrituras: «Mejor es ser paciente que poderoso; más vale tener control propio que conquistar una ciudad» (Pr 16.32). En la lógica bíblica, la mayor demostración de poder consiste en dominarse a uno mismo y no a los demás.

El Nuevo Testamento afirma explícitamente que la paciencia y el autocontrol son también atributos espirituales, mencionándolos como aspectos del fruto del Espíritu (Gl 5.23). Es decir, tener la capacidad de controlar los propios impulsos es una de las gracias de Dios en la vida de una persona, una competencia que florece en la vida de una persona llena del Espíritu Santo. Cuando estamos llenos del Espíritu, él nos transforma y gobierna nuestras elecciones. Un ejemplo de cambio personal en este sentido es Simón Pedro, discípulo de Jesús. Simón es descrito en las páginas del Evangelio como alguien impulsivo, intenso y, muchas veces, inconsecuente. Cuando Jesús les lavó los pies a sus discípulos, Simón dijo: «¡No! —protestó Pedro—. ¡Jamás me lavarás los pies!» (Jn 13.8, NVI). Pero Jesús le explicó que si no le lavaba los pies, Simón no tendría parte con él. El discípulo respondió: «¡Entonces, lávame también las manos y la cabeza, Señor, no solo los pies!» (Jn 13.9). Es curioso cómo Pedro pasó del «¡Jamás me lavarás!» al «¡lava todo ahora!». Pasó de los ocho a los ochenta. En la secuencia de los acontecimientos, la impulsividad de Pedro se ve también en la afirmación: «Aunque todos te abandonen, yo jamás te abandonaré» (Mt 26.33). El final de la historia es bien conocido: antes de que cantara el gallo, Pedro negó tres veces a Jesús. Sin embargo, la Biblia registra la profunda conversión de Pedro y el desarrollo de su liderazgo sólido, maduro, paciente y perseverante. Si hasta la inestabilidad petrina fue sanada, hay esperanza para todos nosotros.

¿Cómo podemos alimentar la paciencia y el dominio propio? En primer lugar, *no podemos alimentar la ira*. «Los necios dan rienda suelta a su enojo, pero los sabios calladamente lo controlan» (Pr 29.11). La ira lleva a las personas a decir cosas irreflexivas, sin sentido, en las que ni siquiera creen. El filósofo Aristóteles, por ejemplo, dedicó el segundo libro de su *Retórica* al análisis de las emociones que «son las causantes de que los hombres cambien sus juicios».[4]

Por lo tanto, es crucial desarrollar la capacidad de frenar el sentimiento expansivo de rabia. Hay varias formas de hacerlo. Por ejemplo, una pareja debe saber cómo poner fin a un desacuerdo, del mismo modo que los amigos necesitan moderar sus ánimos en una discusión. Otra actitud prudente: percatarse cuándo se está levantando la voz en una discusión. Nada rebaja más una conversación que levantar la voz descontroladamente. El odio deforma el rostro — incluso el odio a la sordidez. Los gritos dejan la voz ronca — incluso el mismo grito contra la injusticia. También merece la pena destacar la importancia de no responder a una situación tensa mientras se está con rabia. Somos dueños de las palabras que guardamos, pero esclavos de las que pronunciamos. No olvides que las palabras pronunciadas son siempre irreparables, es decir, que una vez dichas no se pueden «deshacer». Puedes incluso disculparte y retractarte de lo que has dicho, pero es imposible «deshacer» algo. Es sabio el pensamiento atribuido a Thomas Jefferson: «Cuando estés molesto cuenta hasta diez antes de hablar. Si estás muy molesto, cuenta hasta cien». En definitiva, aprender a cortar el flujo de la rabia lo antes posible es muy beneficioso para cualquiera que quiera desarrollar el control verbal y emocional.

En segundo lugar, es necesario *aprender a convivir con las dificultades*. «Tengan paciencia en las dificultades y sigan orando» (Ro 12.12). No solo debemos poner un límite a nuestra ira, sino también crucificar nuestra ferocidad mediante la entrega total de nuestra alma a Dios. Nuestros sentimientos desagradables pueden ponerse ante Dios en la oración. Una vez más nos damos cuenta de la importancia de la oración para la restauración emocional. Pasar tiempo ante Dios modifica nuestra percepción de las situaciones. Esto es muy importante: vivir con paciencia implica no tener expectativas inmaduras ni irrealistas. Jesús explicó que la vida en esta tierra ciertamente traerá dificultades (Jn 16.33). En la comunión con Dios somos fortalecidos espiritualmente. Entramos en el cuarto de oración como gatos y salimos como leones. Las dificultades pueden ser el punto de partida de grandes cambios:

- Podemos recordar lo que es más importante en nuestra vida.
- Podemos descubrir un rasgo de carácter impío que necesita ser eliminado de nosotros.
- Podemos aprender nuevas habilidades.
- Podemos salir de la monotonía.
- Podemos mirar más allá de nosotros mismos y ver las necesidades de los demás.
- Podemos asumir responsabilidades mucho mayores.

En tercer lugar, es importante *olvidar las ofensas*. Vivimos en una sociedad agresiva, llena de personas amargadas que vomitan sus frustraciones unos contra otros. A diario tenemos que tratar con personas odiosas, rojas de la rabia, acostumbradas a ofender. Dos proverbios bíblicos son muy instructivos a este respecto: «Un necio se enoja enseguida, pero una persona sabia mantiene la calma cuando la insultan» (Pr 12.16); y «Las personas sensatas no pierden los estribos; se ganan el respeto pasando por alto las ofensas» (Pr 19.11). No tiene sentido rumiar las ofensas lanzadas por personas maliciosas, ni crear una tormenta a tu alrededor para resolver disputas interpersonales.

Por lo tanto, no te obsesiones enfermizamente con las afrentas sufridas. Deja de fruncir el ceño. El sentimiento de valentía puede complacer a nuestro ego, pero es contraproducente en la práctica. El orgullo nos aconseja devolver el golpe, pero la sabiduría divina nos dice que perdonemos. La venganza nos pone al nivel moral del agresor malicioso; el perdón, por encima de él. La venganza es la forma que tiene Satanás de destruir al inocente y al ofensor. El camino del perdón es más inteligente en todos los aspectos.

La Biblia proclama la disposición de Dios de perdonar los pecados mediante el sacrificio de Jesús en la cruz. Cuando somos alcanzados por la gracia perdonadora y salvadora de Dios, surge en nosotros la capacidad de ignorar las ofensas, perdonar a las personas desleales y maldadosas, y seguir adelante. Mediante estas actitudes desarrollamos nuestra fe en Dios y en su soberanía. El rey David mostró una gran sabiduría cuando dijo en el Salmo 37: «No te inquietes a causa de los malvados ni tengas envidia de los que hacen lo malo. Pues como la hierba, pronto se desvanecen; como las flores de primavera, pronto se marchitan» (Sal 37.1-2). En lugar de detenernos en las ofensas, debemos avanzar en la promoción del bien: «Confía en el Señor y haz el bien; entonces vivirás seguro en la tierra y prosperarás» (Sal 37.3).

En cuarto lugar, necesitamos *aprender a esperar*. Vivimos en una sociedad inmediatista en la que las personas son alérgicas a la espera. Todo tiene que ser rápido e inmediato. En su obra *La espera*, Harold Schweizer examinó cómo el aburrimiento de

ES NECESARIA LA

PACIENCIA

DE LA OSTRA

SI QUEREMOS

PRODUCIR

PERLAS PRECIOSAS.

la espera se ha visto acentuado por la tecnología moderna.[5] El frenesí de la inmediatez y los ritmos acelerados de la vida hicieron que a mediados de los años 2000 surgieran en todo el mundo diversas iniciativas que abogaban por un ritmo de vida más lento y sosegado, como «padres sin prisas», los «lectores sin prisas» e incluso «viajeros sin prisas». Todas estas iniciativas se han englobado bajo el término *movimiento slow* (lento) o *movimiento sin prisa*.[6]

En la Biblia, la asociación entre la paciencia, la espera y la fe es muy fuerte: «Quédate quieto en la presencia del Señor, y espera con paciencia» (Sal 37.7). Para cultivar la virtud de la paciencia, necesitamos aprender que no todo en la vida se puede hacer con prisa. Es necesaria la paciencia de la ostra si queremos producir perlas preciosas. Al igual que las raíces de un árbol frondoso crecen silenciosamente en la tierra, el hábito de esperar fortalece nuestras competencias emocionales y nos convierte en personas más estables y maduras. No debemos olvidar que entre la concepción y el nacimiento de un ser humano hay un periodo de gestación. La paciencia nos convierte en personas capaces de gestar vida. La carta de Santiago pone el ejemplo del agricultor: «Piensen en los agricultores, que con paciencia esperan las lluvias en el otoño y la primavera. Con ansias esperan a que maduren los preciosos cultivos. Ustedes también deben ser pacientes» (Stg 5.7-8). Esperar a veces es difícil: el médico que se retrasa; el atasco de tráfico; la lentitud de procesamiento del ordenador; la tormenta que necesita calmarse antes de que podamos continuar nuestro camino. Pero, como siempre me dice mi amigo cantautor Marcos Almeida, «esperar es caminar». La capacidad de esperar les da sazón a las acciones y madura los pensamientos.

Por último, podemos reflexionar sobre ejemplos de paciencia. Uno de los primeros maestros de la Iglesia que reflexionó y escribió sobre el tema fue Tertuliano, autor de *La paciencia*. Aunque este texto fue escrito en circunstancias específicas de persecución y martirio cristiano, presenta tres ejemplos bíblicos de paciencia en general: Dios Padre, que es paciente con nuestra desobediencia; Cristo, que soporta nuestras ofensas y nos salva mediante su muerte y resurrección; y Job, que toleró el sufrimiento sin blasfemar contra Dios. Tertuliano siguió el consejo de Santiago de reflexionar sobre la paciencia de Job: «Amados hermanos, tomen como ejemplo de paciencia durante el sufrimiento a los profetas que hablaron en nombre del Señor. Honramos en gran manera a quienes resisten con firmeza en tiempo de dolor. Por ejemplo, han oído hablar de Job, un hombre de gran perseverancia. Pueden ver cómo al final el Señor fue bueno con él, porque el Señor está lleno de ternura y misericordia» (Stg 5.10-11).

De hecho, el Libro de Job es un tesoro literario y espiritual. Se dice que el poeta francés Víctor Hugo dijo que «el libro de Job es quizá la mayor obra maestra del espíritu humano».[7] La historia de Job es desafiante: era un hombre próspero en el desierto, pero lo perdió todo tras ser atacado por Satanás. Cayó enfermo, perdió a sus hijos, sus propiedades y se convirtió en un paria en la comunidad. Un amplio debate público especuló sobre las causas de la desgracia de Job: ¿lo estaba castigando Dios por sus pecados? Sin embargo, Dios mismo respondió a su siervo, reorientando las preguntas hacia otra perspectiva: la soberanía, la sabiduría y la misericordia divinas están por encima de las limitaciones humanas.

Las luchas que afrontamos en la vida no pueden reducirse a fórmulas preestablecidas. Job no recibió explicaciones sobre las causas de su sufrimiento, pero sí algo mucho más grande y poderoso: el conocimiento de quién es su Dios. Por eso, Job dijo: «Hasta ahora solo había oído de ti, pero ahora te he visto con mis propios ojos» (Job 42.5). Por si fuera poco, Dios restauró la fortuna de Job y lo bendijo en la segunda parte de su vida aún más que en la primera.

10
Desarrolla relaciones significativas

odo en la vida gira en torno a las relaciones. Un pasaje bíblico central sobre este tema es Eclesiastés 4.7-12. El texto afirma sin rodeos que vivir solamente para trabajar y obtener riquezas es algo completamente sin sentido. En cierto momento, la persona solitaria se preguntará: «¿Para quién trabajo? ¿Por qué me privo de tantos placeres?» (Ec 4.8). Una vida sin amigos es una vida insípida, desabrida e insensata. Por otra parte, «es mejor ser dos que uno» (Ec 4.9).

Dios mismo nos creó como seres relacionales. Todos nosotros necesitamos a alguien que sea nuestro aliado. Eclesiastés presenta tres bendiciones que provienen de las amistades utilizando una imagen concreta: un viaje largo. La primera bendición de las amistades es el apoyo: «Si uno cae, el otro puede darle la mano y ayudarle; pero el que cae y está solo, ese sí que está en problemas» (Ec 4.10). En los caminos de la vida hay baches, imprevistos, eventualidades. Hay caídas literales y figuradas. Cuando tenemos amigos, tenemos un apoyo en las situaciones difíciles.

La segunda bendición de las amistades se describe así: «Dos personas se recuestan juntas, pueden brindarse calor mutuamente; pero ¿cómo hace uno solo para entrar en calor?» (Ec 4.11). Para enfrentar el desafío de las noches frías, dos amigos se pueden unir. Observa que en el primer desafío, un amigo se cayó y el otro le ayudó. En este segundo, ambos se enfrentan juntos al frío.

La tercera bendición de las amistades es la protección: «Alguien que está solo puede ser atacado y vencido, pero si son dos, se ponen de espalda con espalda y vencen; mejor todavía si son tres, porque una cuerda triple no se corta fácilmente» (Ec 4.12). En la vida hay ladrones cobardes, pero también hay amigos protectores. Nuestro amor por los demás nos impulsa a seguir adelante.

Las amistades auténticas se desarrollan, no se compran. Hay una serie de acciones que podemos llevar a cabo para desarrollar relaciones significativas. En primer lugar, debemos *abandonar la insensatez de una vida individualista*. «La gente poco amistosa solo se preocupa de sí misma; se opone al sentido común» (Pr 18.1). Vivimos en una sociedad excluyente, segregada y narcisista. Circulan relatos en internet de personas que incluso «se casan consigo mismas», celebrando ceremonias y demás. Hay personas que escriben libros y se los dedican a sí mismas. En este mundo de gente ensimismada es común oír cosas como «para mí, tú eres tu propio problema». De hecho, hay muchos falsos amigos que, en palabras de Benjamin Franklin, son como la sombra: nos acompañan mientras estamos en la luz, pero nos abandonan en los días difíciles de oscuridad.

Lamentablemente, muchas personas heridas acaban perdiendo las ganas de entablar amistades. Sin embargo, las malas compañías no representan a todas las personas. No dejes que los traumas de relaciones pasadas perjudiquen tus amistades presentes y futuras. No hables mal de los demás, no seas maledicente. Aquellos que solo construyen muros se quedan sin horizontes. Las personas pequeñas se burlan de los demás porque creen que así se sentirán mejor. Evita los comentarios negativos gratuitos. Es imposible sembrar espinas y recoger flores. Encerrarse en uno mismo no es inteligente; la vida humana ansía las relaciones. Recuerdo que un compañero de universidad que vivía solo me dijo bromeando: «Lo malo de vivir solo es que siempre me toca a mí lavar los platos».

En segundo lugar, podemos *invertir en convivir con otras personas*. Las relaciones son inversiones sociales: crecen a medida que haces pequeños depósitos en ellas. Tómate un momento para identificar qué relaciones te hacen sentir renovado, aceptado y a gusto. Las verdaderas amistades son calles de doble sentido. Invierte en convivir con aquellos que te aman. La Biblia ofrece muchos ejemplos de amistades verdaderas: David y Jonatán (1S 18.1); Elías y Eliseo (2R 2.2); Priscila, Aquila y Pablo (Ro 16.4); y los primeros cristianos (Hch 2.42). En todos los casos, la convivencia entre amigos fue fundamental.

De hecho, no hay forma de profundizar en las relaciones si no tenemos una actitud abierta y activa. Hay una serie de medidas prácticas que podemos llevar a cabo: planificar comidas juntos; recibir u hospedar a amigos; enviar una carta manuscrita; dar regalos en las fechas de celebración; acompañarlos en los momentos difíciles; viajar juntos; participar en eventos juntos; salir a pasear; llamar y dedicar tiempo a escuchar. Prioriza el tiempo en persona, *cara a cara*. La tecnología facilita el envío de mensajes de texto y puede ser muy conveniente, pero es incapaz de sustituir el afecto encarnado de la presencia humana.

Haz la diferencia en la vida de alguien. Hay personas sentadas quejándose porque no tienen la estructura creativa para transformar su indignación en un regalo para los demás. Lleva palabras de bendición: «La angustia abate el corazón del hombre, pero una palabra amable lo alegra» (Pr 12.25, NVI). Envía un mensaje cariñoso, usa tu influencia para ayudar a los afligidos, sé parte de la historia de otros. La mejor manera de ganar amigos es actuar como uno.

En tercer lugar, podemos *valorar a nuestros amigos*. No existe verdadera amistad entre personas mezquinas. Un amigo celebra los logros del otro. Cada victoria es nuestra victoria, cada lucha es nuestra lucha. Como dice la hermosa línea de la canción «Mambeado» del grupo argentino Onda Vaga: «Cantale a tus amigos con el corazón [1]»(V.O.). Siempre me conmuevo cuando la escucho. La belleza de la amistad es justamente el altruismo, la bondad. «Hay quienes parecen amigos, pero se destruyen unos a otros; el amigo verdadero se mantiene más leal que un hermano» (Pr 18.24).

Según la Biblia, una de las características más importantes de un amigo verdadero es su lealtad: «Un amigo es siempre leal, y un hermano nace para ayudar en tiempo de necesidad» (Pr 17.17). Vimos en el primer capítulo que los verdaderos amigos son aquellos que han demostrado que se preocupan por ti a lo largo del tiempo. Son aquellas personas que escuchan tus quejas sin emitir juicios rápidos y precipitados. Al fin y al cabo, no solo debemos buscar nuestros propios intereses, sino también los intereses de los demás (Flp 2.3-4). Es posible valorar a tus amigos anotando los asuntos de ellos en tu agenda, preguntándoles los detalles de sus planes, mostrando respeto por sus dilemas.

Vivimos en una sociedad en la que es habitual hablar mal de los demás, pero la Biblia nos enseña una cosa diferente: debemos honrar a quienes merecen honra. Pablo elogiaba debidamente a sus amigos de Corinto (1Co 11.2). Este principio de valorar a los amigos es tan poderoso que se nos instruye a honrar incluso a los amigos de nuestros padres: «Nunca abandones a un amigo, sea tuyo o de tu padre» (Pr 27.10). Un amigo no deja a otro en el suelo. Un amigo se queda cuando todos los demás desaparecen, está a nuestro lado en tiempos de crisis, viene en la madrugada a acompañarnos si es necesario. Los amigos del rey David estaban dispuestos a morir por él porque sabían que él también estaba dispuesto a morir por ellos (2S 23.15-17). Jesús dijo: «No hay un amor más grande que el dar la vida por los amigos» (Jn 15.13).

En cuarto lugar, *no podemos ser delicados*. «Como el hierro se afila con hierro, así un amigo se afila con su amigo» (Pr 27.17). Aquel que tiene un buen amigo no necesita espejo. Charles Spurgeon decía que las bofetadas de la verdad son mejores que los besos de la traición. Un amigo genuino se preocupa más por nuestro crecimiento que por nuestra vanidad. Nos dirá cosas que pueden ser desagradables al principio, pero que nos harán más afilados para la vida. No podemos vivir rodeados de aduladores interesados. Los falsos elogios y las falsas amistades pueden distorsionar nuestra comprensión de la realidad y meternos en problemas. De hecho, las verdaderas amistades necesitan sinceridad, y por eso no podemos ser hipersensibles.

Un amigo es alguien que se ha ganado el derecho a ser escuchado, que escuchó nuestra historia entera, comprendió nuestro punto de vista y ahora debe ser libre para expresar sus impresiones. Por lo tanto, escucha y aprende. Cuando te callas y le das a los demás la oportunidad de hablar, tienes la oportunidad de aprender. Cuando tienes amigos, pronto descubres que no eres la excepción, que no eres la única persona que tiene problemas. Es liberador y reparador darte cuenta de que la vida no gira en torno a ti. Si te critican repetidamente de alguna manera, vale la pena que te lo plantees seriamente. Hay personas que, cuando reciben críticas recurrentes, ofrecen justificaciones, lanzan críticas de vuelta, ignoran lo que se ha dicho, creando diversos subterfugios para evitar reflexionar adecuadamente sobre las críticas que fueron hechas. Es cierto que muchas veces recibimos críticas injustas que nos hacen daño. Sin embargo, es sabio reflexionar con sinceridad sobre las críticas, especialmente cuando son recurrentes o vienen de alguien en quien se confía.

Cuando Natán reprendió a David, le contó una historia sobre un hombre injusto. David se indignó al oír la historia,

QUIEN TIENE UN
BUEN AMIGO
NO NECESITA DE
ESPEJO.

llegando a decir que tal hombre merecía morir. Resultó que la historia de Natán era una ilustración de lo que el propio David había hecho: adulterar y tramar la muerte de un fiel soldado. Natán confrontó a David: «¡Tú eres ese hombre!». David entonces reconoció su error (2S 12.1-15). Pero conviene advertir: la posibilidad de ser franco no significa que el amigo sea un «descubridor de defectos». Aquel que no hace más que señalar los defectos del otro no es un amigo, es un dolor de cabeza. El deseo de llevar la contraria arruina los momentos felices. Recuerda que las verdaderas amistades son sanas. Intenta ser emocionalmente consciente en tus relaciones. Por ejemplo, si te sientes ansioso cuando estás cerca de una determinada persona y te das cuenta de que tu estado de ánimo mejora cuando te alejas de ella, es hora de evaluar el efecto que esta relación está teniendo en tu salud emocional.

Más que todo, debemos *ser amigos de Dios*. No podemos descuidar los fundamentos más profundos de nuestras relaciones. Sin lugar a duda, nuestros fundamentos relacionales y existenciales están en Dios mismo. Tal vez busques entre las ramas lo que solo aparece en las raíces. ¿Está tu alma realmente enraizada en Dios? El amado teólogo J. I. Packer dijo: «Dios se relaciona con los cristianos no solo como Padre a hijo, sino también como Amigo a amigo».[2] A través de Jesús tenemos una nueva relación con Dios y somos sanados, restaurados y capacitados para relacionarnos con las personas. Solo puedes dar aquello que tienes:

- Somos aceptados por Dios (Tit 3.7), así que podemos aceptar a la gente.
- Somos perdonados por Dios (Ro 8.1), así que podemos perdonar.
- Somos valorados por Dios (1Co 7.23), así que podemos valorar a las personas.

En Cristo, por lo tanto, podemos reconstruir nuestras relaciones con Dios y con el prójimo. Jesús mismo es el ejemplo supremo de amigo y nos invita a una vida de amistad con él: «Ustedes ahora son mis amigos, porque les he contado todo lo que el Padre me dijo» (Jn 15.15).

Conclusión

¿Qué quedó además de la cicatriz que dejaron los
rayos?

ANA MARTINS MARQUES[1]

Este mundo pasará, y con él todo lo que las personas tanto desean. Pero la Biblia enseña que quien hace lo que le agrada a Dios vive para siempre (1Jn 2.17). En este libro examinamos un conjunto de preciosas instrucciones bíblicas para la restauración emocional, mental y espiritual:

- Desahógate, lamenta y llora.
- Cultiva la virtud de la humildad.
- Crea ciclos de descanso.
- Examina tu vida con regularidad.
- Cuida tu cuerpo.
- Mantén la higiene mental.
- Celebra, ora y agradece.
- No comentes todas las noticias del mundo.
- Nutre la paciencia.
- Desarrolla relaciones significativas.

Todas estas actitudes agradan a Dios y, con ayuda de él, florecerán en nuestra vida. Está escrito: «Pues Dios trabaja en ustedes y les da el deseo y el poder para que hagan lo que a él le agrada» (Flp 2.13). Cuando entregamos verdaderamente nuestra vida al Señor Jesús, recibimos la fuerza necesaria para vivir y cumplir la voluntad del Padre.

No dudes del poder de Dios. ¿Qué te hace pensar que tus problemas son tan grandes que ni siquiera Dios puede resolverlos? Reflexiona detenidamente sobre la invitación de Jesús:

Luego dijo Jesús: «Vengan a mí todos los que están cansados y llevan cargas pesadas, y yo les daré descanso. Pónganse mi yugo. Déjenme enseñarles, porque yo soy humilde y tierno de corazón, y encontrarán descanso para el alma. Pues mi yugo es fácil de llevar y la carga que les doy es liviana».

Mateo 11.28-30

Jesús utiliza la imagen de un animal de carga, como un buey o un caballo, que lleva un yugo y una carga desmesuradamente pesados. Este animal tiene tres características: está (1) cansado, (2) sobrecargado y (3) desorientado. Si te sientes así, es importante que reconozcas y admitas tu situación. No sirve de nada negar lo evidente. ¿De qué sirve decir «estoy bien» si te tiemblan los párpados de los nervios? Jesús te conoce perfectamente. Sabe lo agotado que puedes estar.

Su invitación es muy directa: «Ven a mí». Jesús no dice: «Ve al servicio», o «Ve al pastor», sino «Ven a mí». Nos llama directamente a sí mismo. Jesús mismo es nuestra verdadera necesidad. Él no es un callejón sin salida, sino el Camino hacia una vida nueva. Por eso necesitamos arrepentirnos de nuestros pecados y creer en el Evangelio de Jesús. En la cruz, la lucha termina. En la cruz, hay paz.

Su promesa es muy directa: «y encontrarán descanso para el alma». El problema que se plantea no es simplemente físico o psicológico, sino sobre todo espiritual. En Cristo, Dios revela quién es y qué quiere del ser humano. Solamente en Cristo somos perdonados y podemos recibir un yugo suave y una carga ligera. En él somos reorientados hacia una nueva manera de vivir. En Cristo recibimos una nueva vida con intereses nuevos, estándares nuevos, un nuevo sentido de seguridad, nuevas fuerzas para afrontar las frustraciones y una paz que sobrepasa todo entendimiento.

Mi oración es que seas una persona restaurada, guiada por Jesús a una vida bienaventurada en humildad y mansedumbre.

Agradecimientos

Agradezco a mi esposa, Natalia, por su cariño y apoyo afectuoso en todas las etapas del desarrollo de este libro. Gracias, Natalia, por ser tan buena conmigo. Sin ti nunca hubiera sido capaz de escribir este libro, ni hubiera tenido el ánimo de seguir adelante en los momentos difíciles. Nuestra familia es mi tesoro en esta tierra. Tu amistad es la mejor parte de mi vida. Agradezco a mi hija, María, por ser tan servicial y amorosa. Te amo mucho, hija. Sigue creciendo llena de vida y en el temor del Señor.

Agradezco a mis padres, Elienos y Esmeralda, que desde muy temprana edad me enseñaron muchas de las enseñanzas que transcribí en este libro. Agradezco a mis suegros, Roberto y Dirce, que también se convirtieron en mis padres. Agradezco el cariño de toda mi familia.

Agradezco a mis amigos más íntimos que hermanos, Teófilo Hayashi, Gustavo Paiva, Dênio Lara Jr., Gustavo Buffara, Daniela Linhares, Fred Arrais y William Douglas, por su cercanía y compañerismo en la producción de esta obra. Quiero agradecer a los obispos Robson y Lúcia Rodovalho, Priscila y Lucas Cunha, Lia y João, Samuel y a toda la familia *Sara Nossa Terra* (Sana nuestra tierra). Ustedes también son mi familia.

Agradezco especialmente a mis amigos de la Editorial Mundo Cristão, Mark Carpenter, Renato Fleischner, Silvia Justino, Daniel Faria, Ricardo Dinapoli, Selmi Aquino y todo el equipo. Ustedes son una bendición en mi vida.

Notas

Introducción

[1] Véase Alison J. Gray y Cristopher C. H. Cook, «Christianity and mental health» (Cristianismo y salud mental), en: Alexander Moreira-Almeida, et al. (eds.), *Spirituality and Mental Health Across Cultures* (Oxford: Oxford University Press, 2021).

1. Desahógate, lamenta y llora

[1] Manoel de Barros, *Livro sobre nada* (Rio de Janeiro: Alfaguara, 2016), p. 33.

[2] Véase J. W. Pennebaker, J. K. Kiecolt-Glaser y R. Glaser, «Disclosure of traumas and immune function: Health implications for psychotherapy» (Revelación de traumas y función inmunitaria: Implicaciones para la salud en psicoterapia), *Journal of Consulting and Clinical Psychology*, vol. 56, n° 2, 1988, p. 239-245.

[3] Véase Serife Tekin, «Ethical issues surrounding artificial intelligence technologies in mental health psychotherapy chatbots» (Cuestiones éticas en torno a las tecnologías de inteligencia artificial en los chatbots de psicoterapia de salud mental), en: Gregory J. Robson y Jonathan Y. Tsou (eds.), *Technology Ethics: A Philosophical Introduction and Readings* (Ética de la tecnología: Introducción filosófica y lecturas) (Nova York & Londres: Routledge, 2023), p. 152-159.

[4] Véase June Dickie, «Practising healthy theology in the local church: Lamenting with those in pain and restoring hope» (Practicar una teología sana en la iglesia local: Lamentarse con los que sufren y recuperar la esperanza), *Stellenbosch Theological Journal*, vol. 7, n° 1, 2021.

[5] Para el contraste entre el ideal de la muerte noble y la perspectiva cristiana de la muerte, véase Adela Yarbro Collins, «From Noble Death to Crucified Messiah» (De la muerte noble al Mesías crucificado), *New Testament Studies*, vol. 40, n° 4, octubre de 1994, p. 481-503; para el contraste entre las muertes de Sócrates y Jesús, véase Oscar Cullmann, «Immortality of the soul or resurrection of the dead: The witness of the New Testament» (Inmortalidad del alma o resurrección de los muertos: El testimonio del Nuevo Testamento), en: Krister Standhal (ed.), *Immortality and Resurrection: Death in the Western World; Two Conflicting Currents of Thought* (Inmortalidad y resurrección: La muerte en el mundo occidental; dos corrientes de pensamiento en conflito) (Nueva York: Macmillan, 1965), p. 9-53.

[6] Véase Platón, *Fédon (o de la inmortalidad del alma)*, (España: Gredos, 2014).

[7] Origen, «Homilies on Luke 38» (Homilías sobre Lucas 38), en: *Selections from Commentaries and Homilies of Origen* (Selección de comentarios y homilías de Orígenes) (Londres: Society for the Promotion of Christian Knowledge, 1929), p. 165.

[8] En los alrededores de Jerusalén, en el Monte de los Olivos, los franciscanos erigieron en 1955 una capilla en forma de lágrima llamada Dominus Flevit, que es la expresión latina para «el Señor lloró». Véase Joseph Thadée Milik y Bellarmino Bagatti, *Gli Scavi del «Dominus flevit»* (Jerusalén: Tip. Dei PP. Francescani, 1958).

[9] En Juan 11.35 el término es *edakrysen*; en Lucas 19.41, *eklausen*.

[10] Veáse C. V. Bellieni, «Meaning and importance of weeping» (Significado e importancia del llanto), *New Ideas in Psychology*, (Nuevas Ideas en Psicología) n° 47, 2017, p. 72-76.

[11] Véase Randolph R. Cornelius, «*Crying and catharsis*» (Llanto y catarsis), en: A. J. J. M. Vingerhoets y Randolph R. Cornelius (eds.), *Adult*

Crying: A Biopsychosocial Approach (El Llanto Adulto: Un Enfoque Biopsychosocial) (Hove, UK: Brunner-Routledge, 2001), p. 199-212.

[12] Véase Robert R. Provine, Kurt A. Krosnowski y Nicole W. Brocato, «Tearing: Breakthrough in human emotional signaling» (Rasgando: Avance en la señalización emocional humana), *Evolutionary Psychology* (Psicología Evolutiva), vol. 7, n°. 1, 2009, p. 52-56.

2. Cultiva la virtud de la humildad

[1] François de La Rochefoucauld, citado en Jay Newman, «Humility and self-realization» (Humildad y autorrealización), *The Journal of Value Inquiry*, vol. 16, n° 2, 1982, p. 275-285.

[2] Paulo Leminski, *Distraídos venceremos* (São Paulo: Companhia das Letras, 2017), p. 35.

[3] El término hebreo es *zadon*, que también se utiliza, por ejemplo, en Proverbios 13.10 y 21.24. *Zadon* indica la arrogancia que se manifiesta en las personas que carecen de templanza y son abusivas de palabra y de obra. La raíz de *zadón* es *ziyd* («hervir»). Cuando se aplica calor al agua, esta hierve. Fue a partir de este proceso que los hebreos comunicaron su comprensión del orgullo. El término *ziyd* aparece en Génesis 25.29 para referirse al guiso preparado por Jacob para su hermano Esaú; véase Stephen B. Dawes, «Walking humbly: Micah 6.8 revisited» (Caminando humildemente: Miqueas 6.8 revisitado), *Scottish Journal of Theology*, vol. 41, n° 3, 1988, p. 333; Eugene E. Carpenter, et al., *Holman Treasury of Key Bible Words: 200 Greek and 200 Hebrew Words Defined and Explained* (Holman Tesoro de Palabras Clave de la Biblia: 200 palabras griegas y 200 palabras hebreas definidas y explicadas). (Nashville, TN: Broadman & Holman Publishers, 2000), p. 140.

[4] Véase B. J. Bushman y R. F. Baumeister, «Threatened egotism, narcissism, self-esteem, and direct and displaced aggression: Does self-love or self-hate lead to violence?», (La amenaza del egoísmo, el narcisismo, la autoestima y la agresión directa y desplazada: ¿El amarse a

uno mismo o el odiarse a uno mismo conducen a la violencia?) *Journal of Personality and Social Psychology*, vol. 75, n° 1, 1998, p. 219-229.

[5] San Agustín, «Salmo 31.2.18», *Comentario a los Salmos (Enarrationes in psalmos): Salmos 1—50* (São Paulo: Paulus, 1997), p. 225.

[6] Debora W. Ruddy menciona a Clemente de Alejandría, Orígenes, Gregorio de Nisa, Basilio, Ambrosio y Juan Crisóstomo como ejemplos de autores patrísticos que destacaron la humildad como virtud cristiana cardinal; véase *«The humble God: Healer, mediator, and sacrifice»* (El Dios humilde: Sanador, mediador y sacrificial), *Logos: A Journal of Catholic Thought and Culture* (Logos: Revista de pensamiento y cultura católicos), vol. 7, n° 3, 2004, p. 87-108; Pierre Adnès, «Humilité» (Humildad), en: *Dictionnaire de Spiritualité, Ascétique et Mystique* (Diccionario de espiritualidad, ascética y mística), tomo VII (París: Beauchesne, 1969), p. 1136-1187.

[7] San Agustín, «Salmo 31.2.18», p. 225.

[8] Véase Roderich Barth, «The rationality of humility» (La racionalidad de la humildad), *European Journal for Philosophy of Religion* (Revista Europea de Filosofía de la Religión), vol. 6, n° 3, 2014, p. 101-116.

[9] El profesor Kent Dunnington afirma que en la filosofía contemporánea hay intentos de emancipar la virtud de la humildad de su cuna teológica cristiana. En el ámbito teórico se debaten tres nociones principales de humildad: (i) la primera noción entiende *la humildad como una autoestima adecuada,* es decir, una persona humilde es aquella que tiene una estimación precisa de su valor, de sus capacidades, de sus logros, de su estatus y de sus derechos, y es particularmente resistente a subestimar estos aspectos; (ii) la segunda noción entiende *la humildad como una despreocupación adecuada,* es decir, la persona humilde es aquella que se preocupa muy poco por su propio valor, sus capacidades, sus logros, su estatus o sus derechos, ya que se preocupa más por otras cosas; (iii) la tercera noción entiende *la humildad como una comprensión adecuada de tener límites,* es decir, la persona humilde es dueña de sus límites: se los toma en serio, le molesta tenerlos, hace todo lo posible por librarse de ellos, pero los acepta y hace todo lo

posible por controlar y minimizar sus efectos negativos; véase *Humility, Pride, and Christian Virtue Theory* (Humildad, orgullo y teoría cristiana de las virtudes) (Oxford, Reino Unido: Oxford University Press, 2019).

[10] Véase June Price Tangney, «Humility: Theoretical Perspectives, empirical findings and directions for future research» (Humildad: Perspectivas teóricas, resultados empíricos y orientaciones para futuras investigaciones), *Journal of Social and Clinical Psycology*, vol. 19, n° 1, 2000, p. 70-82.

[11] François de La Rochefoucauld, citado en Jay Newman, «Humility and self-realization» (Humildad y autorrealización), *The Journal of Value Inquiry*, vol. 16, n° 2, 1982, p. 275-285.

3. Crea ciclos de descanso

[1] Billy Graham, «10 Quotes from Billy Graham on Rest» (10 citas de Billy Graham sobre el descanso), Biblioteca Billy Graham, 8 de noviembre de 2019, <https://billygrahamlibrary.org/blog-10-quotes-from-billy-graham-on-rest/>.

[2] Ministerio de Salud (de Brasil), «Você já teve insônia? Saiba que 72% dos brasileiros sofrem com alterações no sono» (¿Has tenido insomnio alguna vez? Entérate que el 72% de los brasileños sufre trastornos del sueño), 17 de marzo de 2023, <https://www.gov.br/saude/pt-br/assuntos/noticias/2023/marco/voce-ja-teve-insonia-saiba-que-72-dos-brasileiros-sofrem- com-alteracoes-no-sono>.

[3] Ministerio de Salud (de Brasil), «Síndrome de Burnout», Salud de la A a Z, <https://www.gov.br/saude/pt-br/assuntos/saude-de-a-a-z/s/ sindrome-de-burnout>.

[4] El síndrome de burnout fue catalogado por la Organización Mundial de la Salud como «síndrome de desgaste ocupacional» en el Catálogo Internacional de Enfermedades (CID-11), que entró en vigor en 2022; véase Organización Mundial de la Salud, «Burnout an 'occupational phenomenon': International Classification of Diseases» («El burnout, un «fenómeno ocupacional»: Clasificación Internacional

de Enfermedades»). 28 de mayo de 2019, <https://www.who.int/news/item/28-05-2019-burn-out-an-occupational-phenomenon-international-classification-of-diseases>.

[5] Gunnar Aronsson, et al., «A systematic review including meta analysis of work environment and burnout symptoms» (Una revisión sistemática con metaanálisis del entorno de trabajo y los síntomas de burnout), *BMC Public Health*, vol. 17, 2017, p. 264.

[6] Billy Graham, *Wisdom for Each Day* (Sabiduría para Cada Día). (Nashville, TN: Thomas Nelson, 2008), p. 315.

[7] Luisa J. Gallagher, «A theology of rest: Sabbath principles for ministry» (Una teología del descanso: Principios sabáticos para el ministerio), *Christian Education Journal*, vol. 16 (nº 1), abril de 2019, p. 134-149.

[8] Matthew Walker, *Why We Sleep: The New Science of Sleep and Dreams* (Por qué dormimos: La nueva ciencia de dormir y soñar). (Londres: Penguin, 2018).

[9] Andrew Bishop, *Theosomnia: A Christian Theology of Sleep* (Teosomnia: Una teología cristiana del sueño) (Londres: Jessica Kingsley Publishers, 2018), p. 64.

4. Examina tu vida con regularidad

[1] Søren Kierkegaard, *For Self-Examination and Judge for Yourselves!* (¡Para autoexaminarse y juzgarse uno mismo!) (Princeton: Princeton University Press, 1944), p. 50.

[2] Para un excelente estudio científico introductorio sobre el autoengaño y el optimismo sesgado, véase Anneli Jefferson, Lisa Bortolotti y Bojana Kuzmanovic, «What is unrealistic optimism?» (¿Qué es el optimismo irrealista?) *Consciousness and Cognition*, vol. 50, 2017, p. 3-11.

[3] Para una recopilación de pensamientos del predicador escocés Robert M. M'Cheyne (1813-1843), véase Andrew A. Bonar, *Memoir and Remains of R.M. M'Cheyne* (Memorias y recuerdos de R.M. M'Cheyne) (Edimburgo: Banner of Truth, 1966).

⁴Shoshana Zuboff, *La era del capitalismo de la vigilancia: la lucha por un futuro humano frente a las nuevas fronteras del poder* (España: Paidós Ibérica, 2020), p. 301.

⁵Deborah Lupton, *The Quantified Self: A Sociology of Self-Trecking* (El yo cuantificado: una sociología de la autodestrucción) (Cambridge: Polity, 2016).

⁶Yasmin Anwar, «Emoji fans take heart: Scientists pinpoint 27 states of emotion» (Los fans de los emojis se animan: Los científicos identifican 27 estados de emoción), *Berkeley News*, 6 de setembro de 2017, <https://news. berkeley.edu/2017/09/06/27-emotions/>.

⁷Fernando Pessoa, *Aforismos e afins* (Aforismos y similares) (São Paulo: Companhia das Letras, 2006), p. 11.

5. Cuida tu cuerpo

¹Clarice Lispector, *Água viva: Edição comemorativa* (Agua viva: Edición conmemorativa) (Río de Janeiro: Rocco, 2019), p. 44.

²Véase Norman Wirzba, *Food and Faith: A Theology of Eating* (Comida y fe: La Teología del Comer) (Cambridge: Cambridge University Press, 2011), p. 2.

³Para un enfoque teológico cristiano de la alimentación, véase Ángel F. Méndez Montoya, *Theology of Food: Eating and the Eucharist* (Teología de la comida: El Comer y la Eucaristía) (Oxford: Wiley-Blackwell, 2009), p. IX.

⁴En 1Corintios 10.23-33 el apóstol Pablo enseña sobre la actitud cristiana ante los alimentos consagrados a los ídolos, destacando que la marca de la madurez es la capacidad de equilibrar la libertad con la responsabilidad. Todas las cosas son lícitas, pero debemos preguntarnos: ¿favorecerán la libertad o la esclavitud? (1Co 6.12); ¿serán un tropiezo o un apoyo? (1Co 8.13); ¿edificarán o destruirán mi vida? (1Co 10.23); ¿serán solo para mi propio placer o glorificarán a Dios? (1Co 10.31); ¿contribuirán al testimonio del Evangelio o alejarán a las personas de Cristo? (1Co 10.33).

[5]Conozca la obra de Becky Lehman en su sitio web: <https://soveryblessed.com/>. El libro solo está disponible en formato digital: *Less of Me: A 30-Day Devotional for Your Weight Loss Journey* (Menos de mí: Un devocional para tu camino hacia la pérdida de peso) (Edición Kindle, 2017).

[6]Ángel F. Méndez Montoya, *The Theology of Food: Eating and the Eucharist* (La Teología de la comida: El Comer y la Eucaristía) (Hoboken, NJ: Wiley-Blackwell, 2009), p. 46.

[7]Organización Mundial de la Salud, «Obesity and overweight» (Obesidad y sobrepeso), 9 de junio de 2021, <https://www.who.int/news-room/fact-sheets/detail/obesity-and-overweight>.

[8]Sanford Health, «Sitting is the new smoking: 'Truly a silent killer'» (Sentarse es el nuevo tabaquismo: «Un asesino verdaderamente silencioso»), 9 de febrero de 2023, <https://news.sanfordhealth.org/heart/sitting-is-the-new-smoking-truly-a-silent-killer/>.

[9]El enfoque erudito de Victor Pfitzner se convirtió en una obra de referencia sobre las metáforas deportivas en los escritos paulinos. Pfitzner destacó cómo Pablo utilizó el tema del atletismo de forma innovadora, apartándose del pensamiento estoico de su época. *Véase Victor J. Pfitzner, Paul and the Agon Motif* (Pablo y el motivo del Agón) (Leiden: Brill, 1967).

[10]Véase *agōni* en 1Tesalonicenses 2.2; *stephanos y emprosthen* en 1Tesalonicenses 2.19 y Filipenses 4.1; *sunagōnisasthai* en Romanos 15.30; *sunēthlesan* en Filipenses 4.3; *katabrabeuetō* en Colosenses 2.18; *brabeuetō* en Colosenses 3.15; y *theatron* en 1Corintios 4.9.

6. Mantén la higiene mental

[1][NT] Importante avenida de la ciudad de São Paulo, Brasil, donde suele ser la llegada de la carrera de San Silvestre, manifestaciones político-culturales y también donde se congregan muchas oficinas de multinacionales, siendo un centro económico para el Estado del mismo nombre y para el Brasil.

[2] Véase Eugene S. Paykel, «Basic concepts of depression» (Conceptos básicos de la depresión), *Dialogues in Clinical Neuroscience* (Diálogos en neurociencia clínica), vol. 10, n° 3, 2008, p. 279-289.

[3] John Stott, *Los Problemas que los cristianos enfrentamos hoy* (Editorial Vida, 2008), p. 60.

[4] Saundra Dalton-Smith, *Sacred Rest* (El Descanso Sagrado) (Nueva York: Faith Words, 2017), p. 54.

[5] Svetlava Boym, *El Futuro de la Nostalgia* (Nueva York: Basic Books, 2015), p. xvi.

7. Celebra, ora y agradece

[1] Luiz Miguel Duarte, *Cultive o bom humor: 18 indicações práticas* (Cultive el buen humor: 18 consejos prácticos) (São Paulo: Paulus, 2001), p. 10.

[2] Elben M. Lenz César, *Práticas devocionais (Prácticas devocionales)* (Viçosa, MG: Ultimato), p. 145.

[3] Beatrice Marovich, «The Powerful Authority of Cute Animals» (La poderosa autoridad de los animales adorables), Atlantic, 14 de mayo de 2024, <https://www.theatlantic.com/technology/archive/2014/05/the-beckoning-cat/362108/>.

[4] Amos Oz, *Contra el fanatismo* (Siruela, 2024).

[5] Derek Kidner, *Salmos 73—150: Introdução e comentário* (Salmos 73—150: Introducción y comentario), Serie Cultura Bíblica (São Paulo: Vida Nova, 2011), p. 496.

[6] Wesley L. Duewel, *Touch the World Through Prayer* (Toca el mundo con la oración) (Grand Rapids, MI: Zondervan, 1986), p. 246-249.

8. No comentes todas las noticias del mundo

[1] Jean-Paul Jacob, citado en Sandra Carvalho (ed.), *1001 frases: As tiradas mais divertidas, invocadas, inteligentes e provocantes do mundo da tecnologia e da vida moderna* (1001 frases: Las frases más divertidas, sugestivas, inteligentes y provocadoras del mundo de la tecnología y de la vida moderna) (São Paulo: Abril, 2003), p. 66.

[2] Véase Norberto Bobbio, *El futuro de la democracia.* (Estados Unidos, Fondo de Cultura Económica, 2007).

[3] Ralf Dahrendorf, *Il cittadino totale* (El ciudadano total) (Torino: Centro di ricerca e di documentazione Luigi Einaudi, 1977), p. 35-59.

[4] Véase E. Boers, et al., «Association of screen time and depression in adolescence» (Asociación de tiempo de pantalla y depresión en la adolescencia), *JAMA Pediatrics* (La Revista de la Asociación Médica Americana [JAMA, por sus siglas en inglés] Pediatría), vol. 173, n° 9, julio de 2019, p. 853-859.

[5] «La libertad de la ley no significa por cierto que los principios de justicia revelados en la ley del Antiguo Testamento hayan quedado anulados. No significa que los diez mandamientos no se apliquen a nuestra vida en el presente. No significa que podemos someter las normas de santidad de Dios a nuestras preferencias personales. Es obvio que no significa que seamos libres de toda exigencia moral. ¿Qué significa? Significa que los cristianos no están obligados a observar la ley ritual del Antiguo Testamento. No tenemos que sacrificar animales, cumplir las leyes de limpieza ceremonial y celebrar todas las lunas nuevas y fiestas religiosas con sus sacrificios respectivos. No tenemos que seguir las leyes alimentarias dadas a Israel por medio de Moisés. Somos libres de todas esas cosas. (…) nuestra vida espiritual no es gobernada por un mero código externo sino por la gracia de Dios, la cual opera en nosotros para cumplir las demandas justas de la ley (Ro 8.4). La gracia nos enseña a negar la impiedad y los deseos mundanos y a vivir con sensatez, justicia y piedad (Tit 2.12).» John MacArthur, *Avergonzados del evangelio: Cuando la iglesia se vuelve semejante al mundo* (Editorial Portavoz. 2018).

[6] Umberto Galimberti, *L'ospite inquietante: Il nichilismo e i giovani* (El espíritu inquietante: el nihilismo y los jóvenes) (Milán: Feltrinelli Editore, 2016).

[7] Véase Romain Blondeau, *Netflix, l'aliénation en série* (Netflix, la alienación en serie) (París: Édition du Seuil, 2022).

9. Nutre la paciencia

[1] Tertuliano, *La paciencia* (España: Ediciones Rialp, S.A, 2018).

[2] Franz Kafka, *Aforismos* (España: Editorial Debolsillo, 2006).

[3] Henry G. Bohn, *A Handbook of Proverbs* (Un manual de proverbios) (Londres: G. Bell & Sons, 1875), p. 314.

[4] Aristóteles, *Retórica*, trad. Quintín Racionero (España: Gredos, 2022).

[5] Harold Schweizer, *La espera* (Madrid: Sequitur, 2010).

[6] Véase Carl Horoné, *In Praise of Slow: How a Worldwide Movement is Challenging the Cult of Speed* (El Elogio de la Lentitud: Cómo un Movimiento Mundial Desafía el Culto a la Velocidad) (Londres: Orion, 2010).

[7] Victor Hugo, citado en Henry Hampton Halley, *Pocket Bible Handbook* (Manual Bíblico de Bolsillo) (Chicago: Henry H. Halley, 1946), p. 232.

10. Desarrolla relaciones significativas

[1] [NT] V.O. = Versión original

Sobre el autor

Davi Lago es pastor bautista desde el 2006, sirviendo actualmente como capellán en la Primera Iglesia Bautista de São Paulo. Es profesor en la Facultad Teológica Bautista de São Paulo y en la Fundación Armando Alvares Penteado (FAAP), y coordinador de investigaciones en el Laboratorio de Política, Comportamiento y Medios de Comunicación (LABÔ-PUC/SP). Es doctor en Filosofía y Teoría del Derecho (USP), máster en Teoría del Derecho y licenciado en Derecho (PUC-MG). También es presentador del programa Futuro Inmediato por Univesp/TV Cultura, embajador de Visão Mundial (Visión mundial) y de la Missão em Apoio à Igreja Sofredora (Misión de Apoyo a la Iglesia Sufridora), y miembro de la junta directiva de la Alianza Cristiana Evangélica Brasileña. El autor best-seller publicó a través de Mundo Cristão *Brasil polifô-nico* (Brasil polifónico), *Ame o seu próximo* (Ama a tu prójimo) y *Formigas* (Hormigas), en colaboración con William Douglas. Está casado con Natália y es padre de Maria.